2022—2023 年中国工业和信息化发展系列蓝皮书

2022—2023 年
中国工业技术创新发展蓝皮书

中国电子信息产业发展研究院 **编 著**

秦海林 **主 编**

何 颖 曹 方 **副主编**

電子工業出版社．

Publishing House of Electronics Industry

北京·BEIJING

内 容 简 介

本书对 2022 年我国及世界其他主要国家在工业技术创新及质量品牌等方面取得的进展进行回顾，梳理我国工业技术创新发展政策，针对重点行业和区域，剖析我国工业技术创新发展情况，并对 2023 年工业技术创新发展形势进行研判。

本书可为政府部门、相关企业、研究机构中从事相关政策制定、管理决策和咨询研究工作的人员提供参考，也可供对工业行业创新感兴趣的读者了解相关进展。

图书在版编目（CIP）数据

2022—2023 年中国工业技术创新发展蓝皮书 / 中国电子信息产业发展研究院编著；秦海林主编. —北京：电子工业出版社，2023.12

（2022—2023 年中国工业和信息化发展系列蓝皮书）

ISBN 978-7-121-46978-7

Ⅰ. ①2… Ⅱ. ①中… ②秦… Ⅲ. ①工业技术－技术革新－研究报告－中国－2022-2023 Ⅳ. ①F424.3

中国国家版本馆 CIP 数据核字（2024）第 004102 号

责任编辑：宁浩洛　　　特约编辑：田学清
印　　刷：北京虎彩文化传播有限公司
装　　订：北京虎彩文化传播有限公司
出版发行：电子工业出版社
　　　　　北京市海淀区万寿路 173 信箱　　　　邮编：100036
开　　本：720×1000　 1/16　 印张：13.25　　字数：212 千字　　彩插：1
版　　次：2023 年 12 月第 1 版
印　　次：2023 年 12 月第 1 次印刷
定　　价：218.00 元

前 言

科技赋能成为高质量发展的重要标志,科技创新成为推动现代化发展的重要力量。党的二十大报告指出,"坚持创新在我国现代化建设全局中的核心地位""必须坚持科技是第一生产力、人才是第一资源、创新是第一动力,深入实施科教兴国战略、人才强国战略、创新驱动发展战略,开辟发展新领域新赛道,不断塑造发展新动能新优势"。创新成为驱动经济发展的第一动力,成为构建现代化产业体系和经济体系的重要支撑,科技实力伴随着经济实力同步壮大。2022 年,世界各国均已认识到科技创新能力对于国家安全与产业发展的重要性,纷纷制定并出台扶持创新发展的政策文件,在人工智能、量子信息、先进通信、绿色能源、生物技术等重点领域前瞻布局,旨在抢占未来科技与产业竞争的制高点和主动权。2023 年,我国工业技术创新服务高质量发展能力将显著增强,科技支撑赋能区域发展的引领带动作用将显著增强。

一

2022 年,世界主要国家高度重视工业技术创新,美国、欧盟等发达国家和组织聚焦 6G、生物医药、新能源、新材料等重点领域,出台一系列政策措施支持产业科技创新,促进科技成果转移转化,为赢得未来全球竞争抢占先机。美国发布《2022 年芯片与科学法案》等多项政策,重点布局 6G、量子计算等领域,旨在谋求继续保持全球科技领先地位。英国发布《共同改变明天:2022—

2027 年战略》《数字战略》《国防人工智能战略》等政策，重点聚焦数字创新、人工智能、6G 等前沿技术领域。日本发布《全球变暖对策推进法（修正案）》等文件，聚焦气候变化、疫苗研究等领域。德国发布《研究与创新未来战略（草案）》等政策，科技政策重点是以氢和可再生能源为核心的能源转型、强化前沿技术的技术主权等。

2022 年，我国在工业技术创新、工业质量和品牌建设方面做了诸多工作，取得了一系列成效。我国创新指标在全球排名已从 2012 年的第 34 位跃升到 2022 年的第 11 位，在全球创新版图的影响力显著增强。在工业技术创新方面，我国始终坚持以创新推动工业高质量发展，使工业技术创新能力得到显著提高，企业科技创新主体地位不断提升，创新主体的协同创新能力持续增强，工业技术创新成果产出与质量双升。在工业质量方面，我国工业质量水平不断提升，工业质量先进典型示范作用显著，提升工业质量的环境持续优化。在品牌建设方面，我国品牌的国际影响力和竞争力不断提高，品牌建设环境得到持续改善。2022 年，我国各地、各部门坚决贯彻落实党的二十大和中央经济工作会议精神，将科技创新政策扎实落地作为首要任务。截至 2022 年年底，党中央、国务院及工业和信息化部等部门聚焦大中小企业融通创新、质量品牌建设、知识产权保护等方面，发布了《关于开展"携手行动"促进大中小企业融通创新（2022—2025 年）的通知》《关于完善工业和信息化领域科技成果评价机制的实施方案（试行）》《中小企业数字化转型指南》等一系列工业技术创新政策。

二

但是我们也认识到，我国工业技术创新领域仍然存在一些问题。

一是企业科技创新主体地位不强。增强企业的科技创新主体地位，是深化科技体制机制改革、实现高水平科技自立自强的有力支撑和关键举措。虽然我国企业的科技创新实力有所提升，但是仍然存在企业在国家创新体系中的地位偏弱、企业基础研究意愿和投入不足等问题。从国家创新体系建设角度来看，我国高校、科研院所在国家创新体系中占据主导地位，企业主要承担科技成果转化任务，在国家重大科技研发项目中的参与度、主导权、话语权较低。从科研投入来看,企业在基础研究领域研发投入的动力不足、意愿较低、投入较少,主要追求短平快、见效早的技术应用项目,原始创新能力和创新引领作用较弱。

二是原始创新成果供给不足。我国在技术研发方面已经积累了大量成果,但是原始科学发现和基础研究能力仍然不足,导致原始创新成果供给不足,未能有效支撑产业科技创新发展。原始创新是一切创新成果的起源,重大的突破性原始创新成果能够推动产业科技创新的变革性、颠覆性发展。由于原始创新投入大、周期长、风险大及路径依赖等原因,我国对原始创新的投入力度和重视程度依然不足。我国具有开创精神和国际视野的世界级科学家和顶尖人才数量仍然不足,对于科研的冒险精神和探索精神仍待进一步提高,对于"宽容失败"的创新环境仍需培育——这制约了我国原始创新成果的产出效率和水平。

三是创新成果转化效率不高。虽然我国积累了大量论文、专利等创新成果,但是实际转化率和利用率并不高。一方面,我国创新成果与实际运用技术之间存在脱节,高校、科研院所等机构的科研人员由于职称评选、"唯论文论"等原因产出了大量无法转化为实际应用技术的"沉睡"专利和论文,挤占了科研人员的时间和精力;另一方面,企业作为技术转移转化与推广应用的市场主体,与高校、科研院所的沟通交流不畅,导致高校、科研院所产出市场不需要的技术,或者成果不能及时进行转化,从而错过最佳时机。此外,技术转移服务机构等科技服务中介未能充分发挥其在创新成果转化过程中的桥梁和催化剂作用,制约了创新成果转化效率的提升。

三

2023 年,我国充分发挥新型举国体制优势,通过建立健全产业科技创新体系发展机制,全面提升我国工业技术创新发展水平。

一是加大政策引导,增强企业科技创新主体地位。相关部门应当积极营造公平公正的市场竞争环境,加大对知识产权保护力度,激发企业科技创新研发动力,使企业敢于创新、愿意创新、主动创新。通过税收、金融等方式加大对科技创新型企业的优惠支持力度,使企业获得实实在在、真真切切的好处,同时通过环境保护、技术标准等方式制定行业准则和市场门槛,倒逼企业进行技术研发和产业升级。积极推动各类创新资源向产业链上中下游企业加速集聚，引导企业参与国家重大科研项目，提高其在国家创新体系中的参与度、话语权。强化大中小企业协同发展机制，进一步发挥大企业尤其是龙头企业的创新发展引领作用，鼓励其主动承担重大科研项目，发挥其国家战略科技力量建设作用；充分发挥小企业"小而巧"的功能，鼓励其在细分领域专注创新、深耕发展，努力成长为隐形冠军、单项冠军和专精特新"小巨人"企业；增强中型企业的创新枢纽作用，对上承接大企业产业链补链、强链作用，对下带动小企业协同创新发展，最终形成大中小企业产业链、供应链、创新链的协同发展机制。

二是加大基础研究支持力度，增强原始创新成果供给。原始创新成果具有一定的公共产品性质，需要政府发挥领路人作用，继续加大对基础研究和应用基础研究的支持力度，鼓励高校、科研院所主动担负起提供原始创新成果产出的责任，在物理学、生物学、地球科学等基础研究领域加大研究力度。鼓励有实力的高科技领军企业积极参与基础研究，对其进行研发费用加计扣除等税收优惠和政策支持。鼓励高校、科研院所、高科技企业成立创新联合体或协同创新中心，进行大型科研设备和技术共享，采取资源共享、风险共担、成果共享的方式提高创新资源利用效率，实现创新协同发展。发挥国家实验室、国家重点实验室在基础学科和重点领域的原始创新引领作用，通过优化学科布局、顶尖人才引育、研发资金保障、改善管理机制等途径，增强我国实验室体系在解决重大原创性科学问题方面的创新引领作用。

三是建立健全创新成果转移转化机制，提高创新成果应用效率。建立企业与高校、科研院所之间的高效沟通机制，通过企业列清单、提需求等方式增强高校、科研院所技术研发方向与市场实际需求的匹配度，通过建立清晰明确的成本分担和收益分配机制，畅通创新成果转移转化路径，缩短技术应用推广时间。增强技术转移服务机构等科技服务中介的桥梁作用，使技术的需求方、供给方进行更加精准迅速的高效匹配，减少信息不对称带来的负面影响。鼓励风险投资等社会资本加大对技术转化过程的金融支持力度，加快技术的市场推广和产业化进程。进一步提高企业创新成果转移转化能力，促使企业具备相应的创新资源配置能力、市场需求把握能力、工艺流程开发能力、生产环节管理能力，以及市场开拓营销能力。

　　2023 年，以新一代信息技术为代表的新技术革命将推动工业经济持续向数字化、智能化、网络化方向发展，产业数字化趋势进一步显现，绿色低碳成为工业技术创新的重要目标和发展方向。本书全面、客观地介绍了我国工业技术创新领域的最新发展现状、特点与未来趋势，希望读者能够从多方面了解我国工业技术创新发展情况，切身感受其风采与魅力。

目　录

地　方　篇

展　望　篇

综　合　篇

第一章

2022 年世界工业技术创新发展状况

2022 年，世界各国科技问题意识形态化的趋势明显增强。世界供应链被打乱，国际科技与产业合作水平明显降低，各国频繁制定科技发展政策和行动计划，加快科技独立研发进度。新一轮的科技革命成为全世界竞争的焦点，美国、英国、日本、德国、韩国、俄罗斯等国在科技创新方面进行了一系列新部署，积极探索体制机制创新或制度变革，试图为新一轮的科技革命创造条件。各国在数字化技术领域加大投入，掀起新一轮相关新型基础设施建设高潮。

第一节　世界工业技术创新情况

一、世界各国在科技创新方面进行了一系列新部署

（一）美国

2022 年，美国制定了多项政策，以促进国防科技、6G、量子计算、芯片制造等领域的发展。在国防科技发展方面，美国国防部发布备忘录称，将制定新科技战略支持国防特需技术和推动技术商业应用，并大力投资 14 个关键技术领域，具体包括量子科学、生物技术、先进材料、下一代无线技术、人工智能、空间技术、微电子、集成网络、可再生能源、人机接口、先进计算和软件、高超音速武器、定向能技术、网络和综合传感。在量子计算方面，6 月，美国总统拜登宣布将签署两项指令以推进美国量子信息技术的发展。在芯片制造方面，8 月，美国总统拜登签署《2022 年芯片与科学法案》，推出芯片行业补贴政策，要求任何接受美方补贴的公司必须在美国本土制造芯片，对半导体和设备制造提供 25% 的投资税收抵免，扶持无线宽带科技研发；9 月，美国商务部

发布 500 亿美元芯片计划实施战略。10 月，美国白宫发布 2022 版《先进制造业国家战略》，该战略指出美国在清洁和可持续制造、微电子和半导体制造、先进生物制造、新材料及加工技术、智能制造等高科技领域的生产能力和就业吸纳能力明显下降，需要通过应用创新技术生产新产品或改进现有产品来促进经济增长。

（二）英国

2022 年，英国的科技发展政策主要涉及数字创新、人工智能、6G 等前沿技术领域。3 月，英国研究与创新署发布《2022—2027 年战略：共同改变明天》，期望在未来 5 年建立一个高质量的科研和创新体系，以此推动英国经济、社会、环境和文化发展。该战略提出了 6 个战略目标：吸引世界一流的人才，在英国各地遍布世界一流的机构和基础设施，抓住新兴研究趋势、多学科方法等世界一流的理念，追求未来技术等世界一流的创新，形成世界级的影响力，建立一个世界级的组织。该战略指出，大力发展英国具有全球优势的 7 个技术领域：先进材料与制造，人工智能、数字和先进计算，生物信息学和基因组学，工程生物学，电子学、光子学和量子技术，能源、环境与气候技术，机器人和智能机器。6 月，英国发布新版《数字战略》，提出让英国成为全球开展数字创新的最佳地点，明确了六大支柱：数字基础、创意和知识产权、数字技能和人才、资金、提升数字化水平、提高英国国际地位，并提出了构建数字监管系统、完善科技行业移民和签证政策、吸引科技独角兽在英上市等一系列举措。12 月，英国政府称将投资 1.1 亿英镑加大对下一代 5G 和 6G 无线技术，以及电信安全的研发力度。在人工智能方面，英国国防部 6 月发布《国防人工智能战略》；7 月，英国国防科学技术实验室与英国国家数据科学和人工智能研究院艾伦·图灵研究所联合成立"国防人工智能研究中心"，推动人工智能技术的发展，加速人工智能在英军中的应用。

（三）日本

2022 年，日本政府的科技政策主要集中于加强应对气候变化及推进疫苗研究领域。2 月，日本政府经内阁会议通过《全球变暖对策推进法（修正案）》，提出创设官民基金为去碳化项目提供资金，规定中央政府有义务对积极推进去碳化的地方政府提供财政支援。3 月，成立"生物医药先进疫苗研发战略中心"，日本政府承诺将投资 20 亿美元开展疫苗研究，其目标是在发现具有大流行潜力的病原体后的 100 天内，大规模开发出诊断、治疗方法和疫苗。6 月，日本文部科学省发布《2022 科技创新白皮书》，介绍了日本在振兴科学技术和创新创造方面的方针政策，提出本年度的主题是"实现科技立国，促进科技创新"，同时提出开拓知识前沿、增强研究能力、成为价值创造源泉等促进科技创新的措施。

（四）德国

2022 年，德国科技政策的重点是以氢和可再生能源为核心的能源转型，以及强化前沿关键技术的技术主权等。10 月，联邦教研部公布《研究与创新未来战略（草案）》，旨在将其作为德国科研创新的指导战略，取代 2018 年发布的《2025 年高科技战略》。该草案提出了 15 项具体量化指标，包括 2025 年将研发资金比例提升至 GDP 的 3.5%（2021 年为 3.13%），提升风险投资的 GDP 比重（2021 年为 0.11%），扩大学术人员创建企业数量（2019 年为 244 家），提高高科技领域初创企业比例（2019 年为 3.58%），提高外籍科研人员比例（2020 年为 13.3%），提高中小企业三年内推出一项创新的比例（2020 年为 54.7%），增加研究人员和开发人员数量（2020 年为 73.38 万人），新设企业审批时间缩短至 24 小时（2020 年为 8 天）等。该草案聚焦当前德国科研创新目标、优先发展领域等，确定 6 个关键领域，包括建设资源高效、清洁和可持续的交通系统，确保德国和欧洲的技术主权等。在前沿关键技术领域，6 月，德国联邦教育与研究部发布名为"量子系统研究计划"的项目，旨在未来十年德国能够在欧洲量子计算和量子传感器领域占据领先地位，重点围绕量子计算机、量子通信等技术加强研发，经济部也在量子方面投资了 7.4 亿欧元。

（五）韩国

2022 年 1 月，韩国通过了《增强国家尖端战略产业竞争力并加强产业保护的特别措施法案》，即《半导体特别法》，拟对尖端战略产业发展进行全方位支持。根据法案内容，组建国家尖端战略产业委员会，专门审议对国家尖端战略产业的主要支持政策；法案指出未来将为产业基础设施建设提供费用支持，如设立基金、进行税额抵扣，建设"战略产业综合教育中心"以培养职业人才，为吸引外国优秀研发人才提出签证特别措施。10月，韩国科学技术信息通信部发布《国家战略技术培育方案》，指定"十二大国家战略技术"，包括半导体和显示器、二次电池、高科技出行、新一代核能、高科技生物、宇宙太空及海洋、氢能源、网络安全、人工智能、新一代通信、高科技机器人及其制造技术、量子技术；12项战略技术综合考虑了产业全球竞争力、对未来产业的影响力、外交与安全价值、取得成果的可能性等因素。为了加大支持力度，韩国政府将进一步增加预算，在2022年的3.74万亿韩元的基础上增加10%。

（六）俄罗斯

2022年4月，俄罗斯总统普京签发了《关于宣布俄罗斯联邦科学技术10年》的总统令。该政策是对自2018年以来俄罗斯科技政策系统化进程的延续，旨在加强科技在解决国家和社会重大问题中的作用，确定了未来10年俄罗斯科技发展的三大基本任务，主要包括吸引年轻人才进入科研领域，促进研发人员为国家和社会发展重大问题提供解决方案，提高公民对本国科学成果和远景的信息可达性。该政策反映出俄罗斯政府对科技发展的社会基础的重视，激励民众投身科学研究，为科研队伍注入新鲜血液。该政策提出未来将依托竞争力强的大学在15个联邦主体开设30所先进工程师学院，首批培养的2500名专家于2024年毕业；并且，有40多个工业企业将参与该项目，涉及农业、机械制造、化学工业、航空和火箭太空技术、核能、医疗仪器和信息技术领域。2022年7月召开的俄罗斯战略发展和国家项目委员会会议指出，俄罗斯将集中精力发展高新技术产业，充分利用现有的技术储备推动本国创新企业发展，具体措施包括实施广泛的数字化转型，以及为具有发展前景的科技公司提供金融支持等。

二、2022年全球创新指数概况

（一）全球创新格局正在改变

2022年9月，世界知识产权组织发布《2022年全球创新指数报告》。报告对全球132个经济体的创新指数进行了排名，中国连续10年稳步提升，中国内地全球创新指数排名上升至第11位，中国香港创新指数排名保持在第14位。2021年和2022年全球创新指数排名前20位的经济体如表1-1所示。

报告显示，推动全球创新的研发和风险投资继续蓬勃发展，2021年全球顶级企业的研发支出增加长 10%，达 9000 多亿美元，高于 2019 年。2021 年，全世界发表的科学文章数量继续稳步增长，首次突破 200 万篇大关，而国际专利申请量增长了 0.9%，约有 2.78 亿件国际专利申请。风险投资交易增长 46%，与 20 世纪 90 年代末互联网繁荣时期的创纪录水平不相上下。但是，在将创新和投资转化为影响力方面遇到种种挑战，技术进步和应用都有放缓迹象。

排名前 15 位的格局发生变化。中国排名超过法国，上升到第 11 位，仍是前 30 名中唯一的中等收入经济体，在东南亚、东亚和大洋洲地区保持在第 3 位，在中等偏上收入组中保持在第 1 位。瑞士连续 12 年拔得头筹。美国超过瑞典攀升至第 2 位，并继续在 2022 年 81 项创新指标中的 15 项中取得世界最高分。德国排名攀升至第 8 位，是自 2009 年以来的最高排名。韩国和新加坡跻身全球创新前 10 位。加拿大重新返回全球创新前 15 位。

中等收入经济体继续改变着创新格局。中国、保加利亚、马来西亚、土耳其和印度进入前 40 位，越南、伊朗和菲律宾的追赶速度仅次于中国和印度。全球共有 26 个经济体在创新方面的表现高于预期，被称作创新实现者，其中印度、肯尼亚、摩尔多瓦和越南连续 12 年成为创新实现者，印度尼西亚、乌兹别克斯坦和巴基斯坦在 2022 年首次成为创新实现者。

区域创新鸿沟持续存在。北美洲和欧洲继续领先，接着是东南亚、东亚和大洋洲，排得比较靠后的是北非和西亚、拉丁美洲和加勒比地区、中亚和南亚以及撒哈拉以南的非洲。欧洲仍然拥有最多的创新领先者，在覆盖的 39 个欧洲经济体中，有 15 个国家跻身前 25 位，有 12 个经济体的排名上升。东南亚、东亚和大洋洲地区继续缩小与北美洲和欧洲的创新表现差距，韩国、新加坡、中国等国成为全球创新领先者。拉丁美洲和加勒比地区以及撒哈拉以南的非洲的差距仍亟须被关注。

表 1-1　2021 年和 2022 年全球创新指数排名前 20 位的经济体

国家或地区	得分/分	2022 年排名	2021 年排名	地　　区
瑞士	64.6	1	1	欧洲
美国	61.8	2	3	北美洲
瑞典	61.6	3	2	欧洲
英国	59.7	4	4	欧洲
荷兰	58.0	5	6	欧洲

续表

国家或地区	得分/分	2022年排名	2021年排名	地　　区
韩国	57.8	6	5	东南亚、东亚和大洋洲
新加坡	57.3	7	8	东南亚、东亚和大洋洲
德国	57.2	8	10	欧洲
芬兰	56.9	9	7	欧洲
丹麦	55.9	10	9	欧洲
中国内地	55.3	11	12	东南亚、东亚和大洋洲
法国	55.0	12	11	欧洲
日本	53.6	13	13	东南亚、东亚和大洋洲
中国香港	51.8	14	14	东南亚、东亚和大洋洲
加拿大	50.8	15	16	北美洲
以色列	50.2	16	15	北非和西亚
奥地利	50.2	17	18	欧洲
爱沙尼亚	50.2	18	20	欧洲
卢森堡	49.8	19	22	欧洲
冰岛	49.5	20	17	欧洲

数据来源：世界知识产权组织，2022年9月。

（二）全球技术竞争进一步深化

《2022年全球创新指数报告》的主题是"创新驱动增长的未来是生产力滞胀还是复兴"。在新冠疫情的冲击下，全球劳动生产率在2021年增长放缓。随着能源投入成本增加带来的影响，以及俄乌冲突造成的供应链中断，在大多数经济体中，生产力水平在可预见的未来仍然以较低水平提升。报告认为，如果对创新生态系统加以精心扶持，也许会迎来两波创新浪潮：一波是建立在超级计算、人工智能和自动化基础上的数字时代创新浪潮；另一波是建立在生物技术、纳米技术、新材料和其他科学突破基础上的深层科学创新浪潮。

2022 年 12 月，欧盟委员会发布了《2022 年欧盟工业研发投资记分牌》，对 2021 年在全球研发领域投入最多的 2500 家公司进行了分析研究。报告显示，前 2500 家公司总投资 10939 亿欧元，首次突破 10000 亿欧元大关，相当于全球企业投资研发总额的 86%；在全球范围内，美国以 822 家公司保持领先，研发投入总额占 2500 家公司总额的 40.2%。与往年榜单相比，中国大陆首次在公司数量和研发投资总额方面超过了欧盟。欧盟公司在 2021 年投入了 1928 亿欧元的研发资金，而中国大陆公司则投入了 1959 亿欧元；中国大陆共计 678 家公司上榜，研发投入总额占比为 17.9%，超过欧盟的 361 家（研发投入总额占比为 17.6%）。日本的 233 家公司则以 1138 亿欧元（10.4%）的投入额排名第四。美国和中国企业的研发增长率分别为 16.5% 和 24.9%，继续超过欧盟同行。在过去的 10 年里，中国的企业数量增加许多，从 2011 年的 176 家至 2021 年的 678 家，取代了欧盟和日本的地位。四个关键行业的全球技术竞争加剧，约占企业研发总量的四分之三，分别是信息与通信技术生产（22.6%）、健康产业（21.5%）、信息与通信技术服务（19.8%）和汽车（13.9%）。

（三）中国拥有 21 个顶级科技集群，与美国并列第一

百强科技集群集中在北美洲、欧洲和亚洲，特别是中国和美国（见表 1-2）。中国上榜的集群数量首次与美国持平，各有 21 个。德国（10 个）紧随其后，其中科隆和慕尼黑是最大的两个集群。日本有 5 个，东京-横滨和大阪-神户-京都也进入了前 10 位。排名前 100 位的科技集群中，东京-横滨是表现最好的集群，其次是深圳-香港-广州、北京、首尔和加利福尼亚州圣何塞-旧金山。在科技强度排名前 25 位的集群中，美国有 7 个，德国有 5 个，瑞士和瑞典各有 3 个，中国仅北京进入前 25 位，排名第 23 位。中国集群的科技产出增幅最大，增幅中位数达到 13.9%，其中，青岛（+25.2%）和武汉（+21.9%）增长最快。除中国外的中等收入经济体也表现出强劲的增长趋势，包括土耳其的伊斯坦布尔（+7.3%）、印度的钦奈（+7.1%）和德里（+5.2%）。

表 1-2　2022 年全球百强科技集群排名前 20 位

排名	集群名称	经济体	得分/分
1	东京-横滨	日本	12.3
2	深圳-香港-广州	中国	10.1
3	北京	中国	6.5
4	首尔	韩国	5.8
5	加利福尼亚州圣何塞-旧金山	美国	4.6
6	上海-苏州	中国	4.1
7	大阪-神户-京都	日本	3.8
8	马萨诸塞州波士顿-剑桥	美国	2.4
9	纽约	美国	2.2
10	巴黎	法国	2.1
11	加利福纳尼亚州圣地亚哥	美国	2
12	名古屋	日本	1.9
13	南京	中国	1.8
14	杭州	中国	1.5
15	加利福尼亚州洛杉矶	美国	1.5
16	武汉	中国	1.5
17	华盛顿哥伦比亚特区-马里兰州巴尔的摩	美国	1.5
18	华盛顿州西雅图	美国	1.3
19	伦敦	英国	1.2
20	大田	韩国	1.2

数据来源：世界知识产权组织，2022 年 9 月。

第二节　世界工业质量发展情况

一、世界三大质量奖项

目前，全球范围内最具影响力的三大质量奖项是日本戴明质量奖、美国波多里奇国家质量奖、欧洲质量奖。

（一）日本戴明质量奖

2022 年 11 月，日科技连公布 2022 年度戴明质量奖，获奖者分别是麻生饭塚医院（日本福冈县饭塚市）、阿波罗轮胎有限公司钦奈工厂（印度）、科特拉（无锡）汽车环保科技有限公司（中国）。其中，科特拉（无锡）汽车环保科技有限公司（中国）的获奖原因是，在严峻的经营环境中保持住了销量，能以较高水准维持营业利润；持续市场索赔为 0，重大质量问题为 0，持续提高本地员工率和员工保持率。

（二）美国波多里奇国家质量奖

2023 年 1 月，波多里奇基金会宣布 2022 年度领导力奖获得者，包括四类领导力得主，表彰那些体现了波多里奇领导力、管理价值观和原则，以及为波多里奇社区及其他社区提供杰出服务的杰出个人、领导者和支持者。

2023 年按行业划分的获奖者包括来自政府的国会议员和来自企业的信息安全官等，行业涉及网络安全、医疗保健、钢铁公司，以及非营利性组织和教育机构等。

（三）欧洲质量奖

2022 年 10 月 27 日，欧洲质量管理基金会（European Foundation for Quality Management，EFQM）举办了 2022 年度 EFQM 全球奖现场颁奖典礼。EFQM 全球奖每年颁发一次，本年度共有 9 家组织获奖。获奖者分别是奥美德集团（全球大奖，七钻级）、迪拜道路运输管理局（战略眼光杰出成就奖，七钻级）、英国格拉斯哥城市学院（创新驱动杰出成就奖，七钻级）、芬兰芬宝纤维公司（前瞻未来杰出成就奖，七钻级）、博世安防系统（领导力杰出成就奖，六钻级）、华为供应链全球总部（以客户为中心杰出成就奖，六钻级）、GCB 教育集团（六钻级）、博世力士乐（企业文化杰出成就奖，五钻级）、沙特阿拉伯科技大学（五钻级）。其中，荣获"以客户为中心杰出成就奖"的华为供应链全球总部是首家获得该全球知名奖项的中国公司。

二、2022 年世界工业质量重要活动

（一）第 76 届世界质量与改进大会

2022 美国质量学会（ASQ）世界质量与改进大会（WCQI）于 2022 年 5 月 15 日至 18 日在美国加利福尼亚州安纳海姆举行。本届大会的主题是"质量的艺术和科学"，探索质量管理的人与科学之间的共生关系。大会设立了与软技能、文化意识和领导力等相关的专题会议，与会嘉宾分享了质量前沿应用和技术实践活动。

（二）2022 世界制造业大会

2022 年 9 月 20 日至 23 日，2022 世界制造业大会在安徽省合肥市举行。本届大会以"制造世界·创造美好"为主题，由工业和信息化部、科学技术部、商务部、安徽省人民政府等共同主办。大会设置的展区包括大国制造专题展、"三首"产品展、"专精特新"展、工业设计展、工艺美术展，以及首次由美国、德国、日本、韩国和以色列等国家企业参加的室外农机展。本次大会共征集参展企业 645 家，集中签约项目 567 项，总投资 3794 亿元，第三代量子测控一体机等一大批新技术、新产品精彩亮相。

（三）第 20 届亚洲质量网组织大会

2022 年 10 月 26 日至 27 日，第 20 届亚洲质量网组织大会以线上的形式成功举办，本届大会由中国质量协会主办。大会的主题为"共创亚洲质量未来：数字化、可持续和生态系统"。2002 年亚洲质量网组织成立，2003 年 ANQ 在北京召开了首次大会，时隔 19 年，中国质量协会再次成为亚洲质量网组织大会的主办组织。大会上表彰了获得 2022 年度"石川馨-狩野奖"银奖的三位获奖个人及获得"亚洲质量卓越奖"的五家组织。中国质量协会推荐山西省工业设备安装集团有限公司和内蒙古伊利实业集团股份有限公司获得"亚洲质量卓越奖"，两家组织在颁奖环节交流分享了各自的最佳实践。

（四）第 47 届国际质量管理小组大会

2022 年 11 月 16 日至 18 日，第 47 届国际质量管理小组大会在印度尼西

亚首都雅加达召开。本届大会的主题是"通过质量努力，重建美好未来"，近 800 个质量控制小组以现场或在线形式参与成果发表和交流，中国赛区来自电力、航空、航天、建筑、服务业等领域的 189 个参赛小组在济南以线上视频的形式参与发布。

三、2022—2023 年世界质量报告

世界质量报告是分析应用质量和测试趋势领域唯一的全球性报告，每年刊发 1 期。2022 年 10 月 3 日，Micro Focus 联合凯捷和 Sogeti 发布《世界质量报告（2022—2023）》（以下简称《报告》）。《报告》撰写团队对来自全球 32 个国家及地区共 10 个行业的 1750 多名企业高级管理人员进行探访调查，跟踪研究质量工程和测试领域最新、最重要的趋势和发展情况。

（一）可持续性 IT 的概念更加普及

质量技术对于可持续性 IT 的影响在持续扩大。受访者认为，绿色工程（Green Engineering）作为可持续性 IT 战略的一部分，将会带来多种好处，如提升品牌价值、增强客户忠诚度等。

（二）企业正在提出针对新兴技术的质量策略

受访者指出，由于区块链和 Web 3.0 等技术的发展，因此必须使用新的质量策略，采用不同方式及类型进行测试和质量验证。比如采用"软件质量工程和测试"，解决客户上线时间、安全及成本等业务挑战，确保客户可以享受无缝体验。《报告》还指出，考虑到技术变革正以指数级的速度推进，因此建议企业调整网络安全战略，否则有可能面临中风险甚至高风险的网络攻击。

（三）敏捷开发和数字化转型是新一代 IT 投资的关键

近年来，数字平台的发展空前提速，企业级应用进程加速演进。受访者普遍认为，企业必须采用更加强大的质量保证工程，这样才能保持灵活响应。例如，只有采用敏捷开发工程，才能实现按时交付、降低质量成本、改善客户体验。但是，由于供应链安全、网络安全和技能短缺等种种问题，企业普遍反映，部署新技术解决方案成本暴增。

第三节 世界工业品牌发展情况

一、2022 年国际三大品牌排行榜

(一) 2022 年世界品牌 500 强排行榜

2022 年 12 月，世界品牌实验室（World Brand Lab）发布 2022 年世界品牌 500 强排行榜，45 个中国品牌入选。排名前 10 位的品牌有苹果、微软、谷歌、亚马逊、沃尔玛、丰田、麦当劳、梅赛德斯-奔驰、可口可乐、特斯拉。按照国别来看（见表 1-3），美国占据了 500 强的 198 席，稳居品牌大国第一位。第二阵营包括法国、日本、中国和英国，分别有 47 个、46 个、45 个和 35 个品牌入选。其中，中国排名较靠前的工业品牌包括海尔、中化、恒力、徐工等。第三阵营包括德国、瑞士和意大利等，分别有 28 个、18 个和 15 个品牌入选。

表 1-3 2022 年世界品牌 500 强排行榜品牌入选数量前 10 位的国家

排名	国家	品牌数量	代表性品牌
1	美国	198	苹果、微软、谷歌、亚马逊、沃尔玛等
2	法国	47	路易威登、香奈儿、迪奥、爱马仕、欧莱雅等
3	日本	46	丰田、本田、花王、佳能、索尼、松下等
4	中国	45	国家电网、海尔、腾讯、中国工商银行、华润、五粮液等
5	英国	35	联合利华、英国石油、普华永道、沃达丰、汇丰等
6	德国	28	梅赛德斯-奔驰、宝马、思爱普、大众等
7	瑞士	18	雀巢、劳力士、瑞信、万国、欧米茄等
8	意大利	15	古驰、葆蝶家、法拉利、菲亚特、普拉达等
9	加拿大	7	汤森路透、庞巴迪、加拿大皇家银行等
9	荷兰	7	壳牌、飞利浦、喜力、荷兰国际集团、毕马威等
9	韩国	7	三星、现代汽车、起亚、乐金、乐天等

数据来源：世界品牌实验室，2022 年 12 月。

从行业层面来看，上榜品牌数量最多的行业是食品与饮料行业，共有 36 个品牌上榜，首次超过汽车与零部件行业，排名升至第一；汽车与零部件共有 33 个品牌上榜；零售行业有 27 个品牌上榜，位列第三；能源与传媒行业并列第四，均有 26 个品牌上榜。除此之外，互联网、银行、电信等行业排名较靠前，分别有 24 个、24 个、22 个品牌上榜。

从品牌年龄层面来看，品牌成立时间超过 100 年的多达 222 个，超过 4
成。最古老的 10 个品牌如表 1-4 所示。其中，中国入选的"百年老牌"有茅
台、青岛啤酒、五粮液、中国银行、友邦保险等。

表 1-4　2022 年世界品牌 500 强排行榜最古老的 10 个品牌

品牌年龄排名	品牌年龄/年	品牌名称	榜单排名	国家	行业
1	357	圣戈班	358	法国	建材
2	326	英杰华	372	英国	保险
3	318	茅台	237	中国	食品与饮料
4	307	葛兰素史克	466	英国	制药
4	307	马爹利	482	法国	食品与饮料
6	298	人头马	451	法国	食品与饮料
7	295	苏格兰皇家银行	394	英国	银行
8	279	酩悦香槟	144	法国	食品与饮料
9	278	苏富比	224	英国	拍卖
10	267	江诗丹顿	348	瑞士	钟表与珠宝

数据来源：世界品牌实验室，2022 年 12 月。

（二）2022 年 BrandZ™ 最具价值全球品牌 100 强排行榜

2022 年 6 月公布的 BrandZ™最具价值全球品牌 100 强排行榜显示，全球
最具价值的前 100 名的品牌总价值突破 8.7 万亿美元，较上年增长了 23%。自
2006 年建立榜单以来，BrandZ™最具价值全球百强品牌的总价值的复合年均
增长率达到 12.1%，超过同期全球 GDP 增长的 3 倍。

从国家层面来看，美国品牌贡献了超四分之三的品牌总价值。就中国企业
而言，上榜品牌包括腾讯、阿里巴巴、茅台、美团、抖音/TikTok、京东、中国
工商银行、海尔、华为、中国平安、快手、中国移动、友邦保险、小米。其中，
海尔的品牌价值实现了 33%的强势增长，快手以 265.35 亿美元初次上榜，名
列第 82 位。

从行业层面来看，媒体和娱乐、商业解决方案和科技服务、零售品牌的价
值合计占百强品牌总价值的一半以上。其中，美国主导着媒体和娱乐领域，中
国品牌中只有微信和抖音/TikTok 能与之一较高下。消费科技领域增速达到
46%，增速最快，奢侈品增长了 45%。茅台在酒类中以 1033.80 亿美元的品牌

价值位居全球第一。

从企业层面来看（见表1-5），排名第一的苹果的品牌价值达到9471亿美元，有望成为第一个突破万亿美元大关的品牌。谷歌的品牌价值在一年间上涨了79%，达到8196亿美元，攀升至第2位。腾讯、阿里巴巴分别排在第5位、第9位。

表1-5 2022年BrandZ™最具价值全球品牌100强排行榜前10强

2022年排名	2021年排名	品牌	品牌价值/亿美元	增长率	行业
1	2	苹果	9470.62	55%	科技
2	3	谷歌	8195.73	79%	科技
3	1	亚马逊	7056.46	3%	科技
4	4	微软	6114.60	49%	科技
5	5	腾讯	2140.23	−11%	科技
6	9	麦当劳	1965.26	27%	快餐
7	8	Visa	1910.32	0	支付
8	6	Facebook	1864.21	−18%	科技
9	7	阿里巴巴	1699.66	−14%	科技
10	21	路易威登	1242.73	64%	消费

数据来源：赛迪智库整理，2022年6月。

（三）2022年Interbrand全球最佳品牌排行榜

2022年11月，全球知名品牌咨询公司Interbrand发布《2022年最佳全球品牌报告》。百强品牌总价值超过30000亿美元，同比增长16%，是有史以来增长速度最快的，这表明全球主要企业正在品牌竞技场上进行激烈角逐。

从国家层面来看，共有11个国家的品牌上榜。其中，美国有49个品牌遥遥领先，在前10位中占据了7位；德国、法国各有9个品牌上榜，德国有5个汽车品牌上榜，法国上榜品牌以奢侈品为主；日本有7个，英国有4个，我国只有2个（小米排在84位、华为排在86位）。华为自2014年进入这个榜单以来，品牌价值逐年增长，2018年达到76亿美元，但随后由于某些因素的影响，品牌价值略有下降。

从企业层面来看，排名前10位的企业有苹果、微软、亚马逊、谷歌、三星电子、丰田汽车、可口可乐、梅赛德斯-奔驰、迪士尼、耐克（见表1-6）。

其中，苹果连续 10 年占据榜单首位，微软是排名增长速度最快的企业，品牌价值增长了 32%，特斯拉和香奈儿紧随其后。新上榜的企业有爱彼迎、红牛、小米，分别排名 54 位、64 位、84 位。

表 1-6　2022 年 Interbrand 全球最佳品牌排行榜前 10 强

2022 年排名	2021 年排名	品牌	品牌价值/亿美元	增长率	行业
1	1	苹果	4822.15	18%	科技
2	3	微软	2782.88	32%	科技
3	2	亚马逊	2748.19	10%	科技
4	4	谷歌	2517.51	28%	科技
5	5	三星电子	876.89	17%	科技
6	7	丰田汽车	597.57	10%	汽车
7	6	可口可乐	575.35	0	饮料
8	8	梅赛德斯-奔驰	561.03	10%	汽车
9	10	迪士尼	503.25	14%	媒体
10	11	耐克	502.89	18%	运动消费

数据来源：赛迪智库整理，2022 年 11 月。

二、2022 年世界工业品牌发展特征分析

（一）强大的品牌力帮助企业应对全球经济动荡

尽管面临新冠疫情的反复挑战，但在过去一年中，BrandZ™ 最具价值全球品牌 100 强排行榜、Interbrand 全球最佳品牌排行榜的总价值均呈现增长态势，增长速度分别达到 23%、16%。其中，一个重要的原因是新冠疫情进一步加速了零售类电子商务的增长，品牌消费可以依靠线上环境开展。

（二）可持续性发展逐渐成为品牌价值的重要部分

根据 BrandZ™ 最具价值全球品牌 100 强排行榜的测算，上榜品牌的品牌价值中有 3%依靠可持续性发展领域的表现。消费者不仅关注产品性能和服务水平，还关注健康、绿色、安全、社会形象等因素。相关报告还特别指出，中国消费者对于可持续性发展的关注度快速上升，目前排名全球第 2 位，

仅次于美国。

（三）科技创新和多元化正在赋予品牌新的生命力

仅仅依靠单个细分行业很难实现快速的、持续的品牌价值提升，最典型的是科技领域。比如苹果、谷歌、微软等，凭借创新和多元化扩张，从最初的技术领域拓展到娱乐、支付等领域，品牌价值增长速度均超过平均增幅。

第二章

2022 年中国工业技术创新进展情况

党的二十大报告提出，建设现代化产业体系。坚持把发展经济的着力点放在实体经济上，推进新型工业化，加快建设制造强国、质量强国、航天强国、交通强国、网络强国、数字中国。2022 年，我国在工业技术创新、工业质量和品牌建设方面做了诸多工作，取得了一系列成效。在工业技术创新方面，我国始终坚持以创新推动工业高质量发展，工业技术创新能力得到显著提高，企业科技创新主体地位不断提升，主体协同创新能力持续增强，工业技术创新成果产出与质量双升。在工业质量方面，工业质量水平不断提升，工业质量先进典型示范作用显著，提升工业质量的环境持续优化。在品牌建设方面，我国品牌的国际影响力和竞争力不断提高，品牌建设环境得到持续改善。

第一节　中国工业技术创新情况

一、企业科技创新主体地位不断提升

（一）创新型企业数量稳步增加

近年来，我国出台了一系列支持企业创新的政策举措，企业创新意愿显著增强，创新型企业不断涌现。2017—2021 年，我国规模以上工业企业 R&D（Research and Development，科学研究与试验发展）活动企业数由约 10.22 万家增加到约 16.92 万家，约增长了 65.56%，并呈现逐年递增态势。我国规模以上工业企业中开展 R&D 活动的企业数占全部规模以上工业企业数的比重由27.43%增加到 38.35%，增长了 10.92 个百分点（见图 2-1）。此外，我国独角兽企业的数量不断增加。Dealroom 的统计数据显示，我国独角兽企业的数量从

2019 年的 237 家增加至 2022 年的 325 家，约增长了 37.13%。

图 2-1　2017—2021 年我国规模以上工业企业中有 R&D 活动的企业数及其占比

（数据来源：WIND，2023 年 5 月）

2022 年，我国持续深入推进专精特新"小巨人"企业培育工作，工业和信息化部、国家知识产权局、国家外汇管理局先后出台了支持专精特新企业的优惠政策。截至 2022 年年底，全国专精特新中小企业数量已经超过 7 万家，其中专精特新"小巨人"企业有 8997 家。在 2022 年新上市的企业中，专精特新中小企业占比达到 59%。

（二）企业研发经费投入不断加大

近年来，我国企业的研发经费投入不断加大。2017—2021 年，我国规模以上工业企业 R&D 经费支出由 2017 年的 12013 亿元增长至 2021 年的 17514.24 亿元，约增长了 45.79%。同时，全国 R&D 经费支出中来源于规模以上工业企业的资金也在逐年增加，由 13464.9 亿元增长至约 21808.8 亿元，占全国总量的比重由约 76.48% 增至约 78.01%（见图 2-2）。可以看出，企业已经成为研发投入的主体，且对全国研发经费的带动能力不断增强。其中，大中型企业仍然为研发经费投入的主力军。2021 年，大型企业和中型企业 R&D 经费支出占规模以上工业企业 R&D 经费支出的比重超过 70%。

图 2-2　2017—2021 年全国 R&D 经费支出中来源于规模以上工业企业的资金及其占比
（数据来源：2018—2022 年中国科技统计年鉴，2023 年 5 月）

此外，我国企业研发人员规模不断扩大。2017—2021 年，企业研发人员规模不断扩大，规模以上工业企业 R&D 人员全时当量从 273.6 万人年提升到约 382.7 万人年（见图 2-3），增长了约 39.9%。

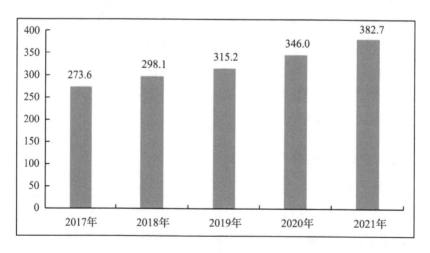

图 2-3　2017—2021 年规模以上工业企业 R&D 人员全时当量（万人年）
（数据来源：2018—2022 年中国科技统计年鉴，2023 年 5 月）

（三）企业科研组织能力不断增强

我国深入推进科技体制机制改革，不断增加企业在国家重大科技计划项目选题、实施、评审的话语权，特别是在企业经营目标和国家重大战略目标高度一致的领域，鼓励企业牵头或参与项目实施。例如，国家科技重大专项"大型油气田及煤层气开发"、国家重点研发计划"先进轨道交通"重点专项在由企业牵头组织实施后，均取得良好的效果。同时，在具有明确产业化目标的重点项目中，国家鼓励企业牵头或参与重大项目的实施。例如，在新一代宽带无线移动通信网重大专项等项目指南中，提出要"注重以企业为主体，加强产学研用相结合的创新体系建设，打造完整的产业链""针对产业化课题，要求以企业为主、高校和科研院所参加"。近年来，企业参与国家重大科技计划项目的比重也在逐步提高。2022 年，在我国国家重点研发计划中，企业参加或牵头的项目占比已接近 80%，企业的科研组织能力显著增强。

二、主体协同创新能力持续增强

（一）创新主体合作愈发紧密

近年来，我国大力推动产学研深度融合，充分释放企业、高校、科研院所等的创新活力。各创新主体协同开展的创新活动不断增加。2017—2021年，研发机构的 R&D 课题中来自企业委托的项目数量逐年增加，由 6447 项增加到 12757 项，增长了近 1 倍；高校的 R&D 课题中来自企业委托的项目数量也从 206992 项增加到 347235 项（见图 2-4）。各创新主体之间融合的程度不断加深。《2022 年中国专利调查报告》表明，截至 2021 年年底的有效发明专利中，产学研合作专利占比为 4.0%，较上年（3.1%）提高 0.9 个百分点。

（二）新型研发组织蓬勃发展

当前，新技术从研发到进入市场的周期更短，科学研究与技术创新相互交织，联系日益紧密，各创新主体之间的合作愈发频繁，涌现出了一批由企业、高校、科研院所等主体共同建立的新型创新组织。其中，最具代表性的新型研发机构在促进产学研深度融合，推动科技成果快速转化为现实生产力方面发挥重要作用。《2022 年新型研发机构发展报告》显示，截至 2021 年年底，我国新型研发机构共计 2412 家，同比增长了 12.7%；承担 1.8 万项企业科研项目，占当年承担科研项目总量的 51.46%。另外，科学技术部和财政部印发《企业技术创新能力提升行动方案（2022—2023 年）》，提出支持中央企业、民营科技领军企业聚焦国家重大需求，牵头组建体系化、任务型创新联合体。江苏、浙江等地在组建创新联合体方面做出诸多探索。例如，江苏省科技厅《省科技厅关于组织开展 2022 年江苏省创新联合体备案试点工作的通知》中提出，创新联合体的牵头单位原则上应为省内创新能力突出的创新型领军企业、龙头骨干企业，能够整合产业链上下游企业、高校和科研院所等创新资源，在行业内具有较强的影响力。

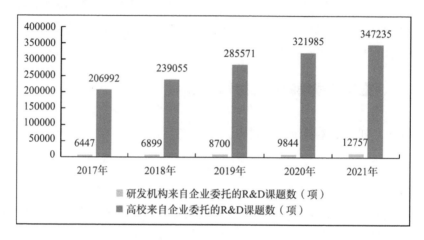

图 2-4　2017—2021 年研发机构和高校来自企业委托的 R&D 课题数
（数据来源：2018—2022 年中国科技统计年鉴，2023 年 5 月）

（三）科技成果转化成效显著

我国高度重视科技成果转化，持续优化科技成果转化环境，2022 年科技成果转化工作取得显著成效。2021 年，全国技术市场成交合同数为 670506 项，较 2017 年约增长了 82.4%；全国技术市场成交合同金额为 37294.3 亿元，较 2017 年提高了约 1.8 倍（见图 2-5）。《2022 年中国专利调查报告》表明，2022 年我国发明专利转让率为 11.5%，较上年提高 4.1 个百分点，约为 2018 年（3.8%）的 3 倍。同时，2022 年我国发明专利产业化率为 36.7%，较上年提高 1.3 个百分点。

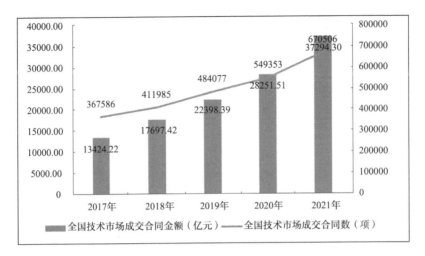

图 2-5　2017—2021 年全国技术市场成交合同金额和合同数
（数据来源：2018—2022 年中国科技统计年鉴，2023 年 5 月）

三、工业技术创新成果产出与质量双升

（一）重大科技创新成果涌现

随着我国工业技术创新能力的不断增强，重大科技创新成果的数量和质量都得到明显提升。2017—2021 年，在我国重大科技成果中，应用技术类的科技成果由 51677 项增加到 68199 项，约增加了 32%（见图 2-6）。其中，制造业的应用技术类科技成果占比自 2018 年以来保持在 35% 以上，2021 年达到 25719 项，相较于 2017 年增长了 81.5%。此外，2022 年，我国在航空、能源等重点领域取得了一批重大成果：C919 飞机实现全球首架交付，首台国产 F 级 50 兆瓦重型燃气轮机点火成功，"华龙一号"核电机组并网运行。

（二）高质量专利成果平稳提升

专利是工业技术创新最重要的成果之一，2017—2021 年，我国规模以上工业企业发明专利申请数量不断增加，由 2017 年的约 47.8 万件增至 2021 年的约 95.9 万件，增长 1 倍以上。增速虽然有波动，但是整体保持在 16% 以上，2021 年达到 21.64%。规模以上工业企业有效发明专利数量由 2017 年的约 93.4 万件增长至 2021 年的约 169.2 万件，约增长了 81.16%；增速逐渐趋于平缓，

2021 年的增速为 16.85%（见图 2-7）。从 PCT（Patent Cooperation Treaty，专利合作条约）专利来看，知识产权组织公布的数据显示，2022 年我国 PCT 专利申请数量仍然排名首位，在 PCT 专利申请数量 Top20 企业中，我国占有 6 个席位，其中华为仍然名列榜首，专利申请数量达到 7689 件。

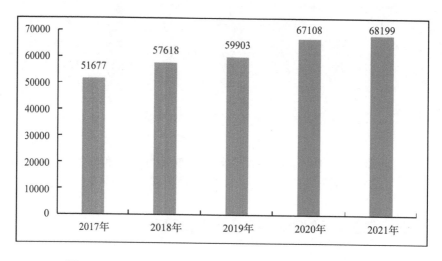

图 2-6　2017—2021 年应用技术类重大科技成果数量（项）
（数据来源：EPS 数据库，2023 年 5 月）

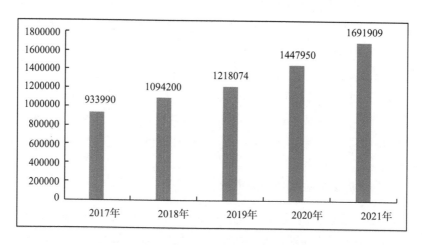

图 2-7　2017—2021 年规模以上工业企业有效发明专利数量（件）
（数据来源：2018—2022 年中国科技统计年鉴，2023 年 5 月）

（三）新产品产出水平逐年提高

我国工业企业的新产品开发能力不断增强。2021 年，我国规模以上工业企业新产品开发项目数为 958709 个，约为 2017 年的 2 倍；规模以上工业企业新产品开发经费支出也从 2017 年的 13497.8 亿元增加至 2021 年的约 22652.9 亿元，约增长了 67.8%（见图 2-8）。

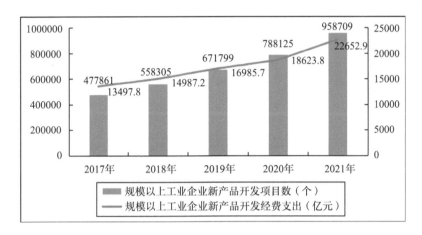

图 2-8 2017—2021 年规模以上工业企业新产品开发项目数和开发经费支出
（数据来源：EPS 数据库，2023 年 5 月）

第二节 中国工业质量发展情况

一、工业质量水平不断提高

（一）工业质量显著改善

近年来，我国深入开展质量提升行动，并建立质量统计监测制度。2022 年，相关部门对 20 个大类行业、48 个小类行业的 2100 余批次样本产品开展产品质量合格率专项调查。截至 2022 年，我国制造业产品质量合格率连续 7 年为 93% 以上，达到历史最高水平。企业质量管理水平全面提升。我国支持企业利用数字化等先进质量工具和方法加强质量管理，2022 年，规模以上工业企业关键工序数控化率达到 55.3%，数字化研发工具的普及率达到 74.7%。其中，中央工业企业关键工序数控化率已达到 73%。随着我国产业结构不断优化，高质量工业供给能力不断提升，2022 年，我国高技术制造业占规模以上工业增加值比重为 15.5%，相较于 2017 年增加了 2.8 个百分点（见图 2-9）。

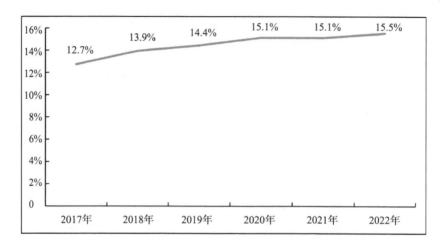

图 2-9　2017—2022 年我国高技术制造业占规模以上工业增加值比重
（数据来源：WIND 数据库，2023 年 5 月）

（二）产业基础质量支撑能力不断提高

我国不断强化产业基础质量支撑能力，特别在标准方面，我国取得了显著成效。2022 年，我国在制造领域，全年发布材料和装备制造领域相关国家标准 728 项，其中包括刻蚀机、增材制造等技术标准 60 余项，重点领域装备的国际标准转化率达到 90%。IPv6（互联网协议第 6 版）、工业互联网等 130 项新型基础设施建设标准加快研制。企业标准化活跃度不断提升，2022 年全年声明公开 470738 项标准，较 2021 年增长了 7.48%。截至 2022 年年底，全国共有 5 万多家企业瞄准国际国内先进标准开展对标达标活动，2022 年共有 239 家企业获得标准化良好行为证书，较上年增加 69%。由此可见，企业的标准化能力得到显著提升，有力推动工业企业提质增效。另外，我国不断强化质量基础设施建设，2022 年部署开展质量基础设施助力纾困中小微企业和个体工商户专项行动，综合运用质量提升、登记注册、知识产权等职能手段，为 82.5 万家企业解决技术难题 8.1 万个，节约成本 25.5 亿元。

二、工业质量先进典型示范作用显著

近年来，我国通过评选全国质量奖、全国质量标杆，树立了一批提升工业质量方面的先进典型，我国企业在其引领带动下，广泛学习其在提升质量管理能力中的先进经验，全方位提升质量水平。

全国质量奖由中国质量协会设立和承办，表彰在实施质量强国战略中做出突出贡献的组织、项目和个人。截至 2022 年，已经连续举办了 20 届，在国内外质量领域有广泛的影响力，对我国构建国家一流的质量管理体系、促进产业转型升级等方面起到了重要的推动作用。12 月 9 日，中国质量协会表彰了卓越项目奖和个人奖获奖者。其中，国机重型装备集团股份有限公司、沪东中华造船（集团）有限公司、中国第一汽车集团有限公司等 10 家单位的项目获得了全国质量奖卓越项目奖（见表 2-1）；10 人获得中国杰出质量人奖，20 人获得中国质量工匠奖，16 家组织通过确认。

表 2-1　全国质量奖名单

卓越项目奖		
序号	项目名称	申报单位
1	东方超环-EAST 全超导托卡马克装置项目	中国科学院合肥物质科学研究院等离子体物理研究所
2	古泉±1100 千伏特高压换流站项目	国网安徽省电力有限公司
3	"华龙一号"示范工程福清 6 号机组 ACP1000 主管道项目	国机重型装备集团股份有限公司
4	海南舰工程项目	沪东中华造船（集团）有限公司
5	红旗系列乘用车的研发和应用项目	中国第一汽车集团有限公司
6	INDICS 工业互联网平台及基础设施建设项目	航天云网科技发展有限责任公司
7	基于 5G+全栈国产化+人工智能的城市数字电网项目	南方电网深圳供电局有限公司
8	苏通 GIL 综合管廊工程项目	国网江苏省电力有限公司
9	云南澜沧江乌弄龙水电站项目	华能澜沧江水电股份有限公司
10	珠海多端柔性直流配电网示范工程项目	南方电网广东珠海供电局

续表

确认组织	
序号	组织名称
1	北京航天新风机械设备有限责任公司
2	北新集团建材股份有限公司
3	大冶特殊钢有限公司
4	贵州航天电器股份有限公司
5	贵州茅台酒厂（集团）习酒有限责任公司
6	国网浙江杭州市萧山区供电有限公司
7	河北衡水老白干酒业股份有限公司
8	惠州市德赛西威汽车电子股份有限公司
9	江苏苏盐井神股份有限公司
10	江苏中天科技股份有限公司
11	山东京博石油化工有限公司
12	新疆金风科技股份有限公司
13	招金矿业股份有限公司
14	浙江省台州医院
15	广州市长岛光电机械厂
16	珠海凌达压缩机有限公司

数据来源：赛迪智库整理，2023 年 5 月。

三、提升工业质量的环境持续优化

（一）优化提升工业质量的政策环境

2022 年 3 月，国家市场监督管理总局、工业和信息化部印发《关于推进国家级质量标准实验室建设的指导意见》，提出到 2025 年力争在高端制造、新材料、信息技术、生物医药等重点领域建设若干国家级质量标准实验室；到 2035 年，基本建成同现代产业体系发展与安全保障相适应的国家级质量标准实验室体系。

2022 年 4 月，工业和信息化部办公厅印发《关于做好 2022 年工业质量提升和品牌建设工作的通知》，部署了推动企业质量管理体系升级、提升制造业关键过程质量控制能力等重点工作。

2022 年 8 月，为深入推进质量强国建设，加强对质量工作的组织领导和统筹协调，国务院成立了国家质量强国建设协调推进领导小组。同时，中共中央 国务院开展《质量强国建设纲要》编制工作，旨在全面提高我国质量总体水平。各部门贯彻落实质量强国战略，先后出台了一系列政策。

2022 年 9 月，工业和信息化部印发《促进中小企业特色产业集群发展暂行办法》，提出精准定位集群主导产业，有针对性地固链强链补链延链，畅通集群协作网络，增强专业化配套能力，强化质量品牌建设。

2022 年 11 月，国家市场监督管理总局、国家发展和改革委员会、科学技术部、工业和信息化部、民政部等部门联合印发《进一步提高产品、工程和服务质量行动方案（2022—2025 年）》，提出着力打通一批产业链供应链质量堵点，攻克一批关键核心技术质量难点。

2022 年 12 月，国家发展和改革委员会公布了《"十四五"扩大内需战略实施方案》，提出持续提高产品和服务质量。

（二）持续开展系列提质增效活动

为凝聚社会共识，营造提升质量的良好环境，社会各方举办了提升质量的系列活动。

2022 年 8 月，中国航天科工集团和中国航天科技集团主办的"第七届中国航天质量论坛暨 2022 年航天质量与可靠性交流会"，领域内相关企业、高校、研究机构的专家学者分别就卓越质量管理体系、质量监督管理、数字化质量管理等时代主题进行深入交流和探讨。

2022 年 9 月，国家市场监督管理总局、中共中央宣传部、国家发展和改革委员会、工业和信息化部等部门联合开展全国"质量月"活动，主题为"推动质量变革创新，促进质量强国建设"。中国质量检验协会积极响应，组织中国航天科技集团、海尔、格力等 2000 家优秀标杆企业联合发出《2022 年全国"质量月"企业质量诚信倡议书》，发挥质量提升的带头示范作用。

2022 年 12 月，中国质量协会举办主题为"共创高质量发展新未来：新领域、新要素、新实践"的年会，组织第二届质量管理数字化国际论坛、第四届质量管理体系成熟度论坛等活动，邀请相关专家学者和企业代表共同探讨质量管理体系、质量人才发展、质量技术方法应用等话题。

第三节　中国工业品牌发展情况

一、工业品牌建设成效显著

自党的十八大以来，我国高度重视品牌建设工作，品牌国际影响力持续提升。英国品牌评估咨询公司品牌金融（Brand Finance）发布"2022 年全球品牌价值 500 强"榜单（Global 500 2022），我国 84 家企业入围，相较于 2017 年增加了 27 家。其中，在电子信息、装备制造、纺织服装、建筑工程等工业领域不断涌现出众多的全球知名品牌。"2022 年 BrandZ™ 最具价值全球品牌 100 强"榜单中，中国共有 14 家企业上榜，位列全球第二位。其中，腾讯和阿里巴巴进入全球前 10 位。世界品牌实验室发布的"2022 年度（第十九届）世界品牌 500 强"榜单中，中国有海尔、徐工等 45 个品牌入选，相较于 2021 年增加了 1 个，位列全球第 4 位，与法国、日本和英国构成世界品牌大国的第二阵营。虽然各个榜单的发布机构和评价体系有所不同，但综合来看，我国企业的品牌影响力和竞争力均表现出稳步提升的态势。

此外，2022 年，世界品牌实验室评选并颁发了 2022 年"中国品牌年度大奖"，该奖项被誉为"中国品牌奥斯卡"的年度奖项。华为、徐工、双星轮胎等35 个品牌入选。其中，国航荣获"2022 年文化品牌大奖"，阳光电源荣获"2022年社会责任大奖"，小米荣获"2022 年智能生态大奖"。

二、品牌建设环境持续改善

（一）政策支撑保障更加有力

2022 年 4 月，工业和信息化部办公厅印发《关于做好 2022 年工业质量提升和品牌建设工作的通知》，对建立品牌培育管理体系成熟度评价机制、开展品牌诊断等活动、持续提升"中国制造"品牌形象等相关工作提出具体要求。

2022 年 7 月，国家发展和改革委员会等部门发布了《关于新时代推进品牌建设的指导意见》(发改产业〔2022〕1183 号)，提出要进一步引导企业加强品牌建设，进一步拓展重点领域品牌，持续扩大品牌消费，营造品牌发展良好环境，促进质量变革和质量提升，推动中国制造向中国创造转变、中国速度向中国质量转变、中国产品向中国品牌转变，久久为功促进品牌建设高质量可持续发展。

2022 年 12 月，国家发展和改革委员会公布了《"十四五"扩大内需战略实施方案》，提出要深入实施品牌发展战略，对持续办好中国品牌日活动、培育中国品牌等做出重要部署。

在国家政策措施的有力支持下，各地方积极开展品牌建设工作，把打造本土品牌放到突出位置。

（二）品牌宣传力度持续加大

2022 年，中央广播电视总台依托全媒体资源，推出"品牌强国工程"。中央广播电视总台举办了 2022 "品牌强国工程"发布活动，同一汽、华为、格力等企业签署了 2022 "品牌强国工程"战略合作协议，持续宣讲中国品牌故事，全方位传播品牌强国战略，提高了中国品牌的影响力和竞争力。

2022 年 5 月，国家发展和改革委员会联合中共中央宣传部、工业和信息化部、商务部、国家市场监督管理总局、农业农村部、国家知识产权局等共同举办第六个中国品牌日活动，活动主题为"携手向未来"，引导有关部门、地方、中央企业、媒体、行业协会等组织开展品牌创新活动。各方积极响应，推出了一系列活动，形成了开展品牌日活动的浓厚氛围。

（三）品牌建设氛围愈发浓厚

伴随 2022 年中国品牌日活动的开展，"2022 品牌强国论坛"活动在北京通过线上方式成功举行。该论坛由中国黄河文化经济发展研究会主办，北京黄河融泰文旅产业发展有限公司、国策智库研究院承办，中国质量万里行促进会、中国消费者协会、中国企业评价协会、中国广告协会、华彬文化基金会等单位支持，有关部门领导、专家、学者和知名中国品牌企业代表通过线上方式，围绕中国品牌强国战略及如何提升品牌影响力进行对话和交流。

2022 年 5 月,《中国品牌》杂志社、中国品牌网主办的,以"中国品牌 强国有我"为主题的第五届中国品牌发展论坛在北京举行,论坛前期还开展了"2022 中国品牌日·我为中国品牌代言"移动互动线上传播活动,活动期间代言总频次高达 1700 万次,参与人数突破 500 万人。

    2022 年 12 月,《人民日报》社主办的,主题为"推动中国品牌建设实现高质量发展"的 2022 中国品牌论坛在京举行,有关部门领导、专家、学者、企业代表等约 120 人参加,并就培育自强品牌、做好品牌宣传、提升品牌影响力等方面开展讨论。

第三章

2022 年中国工业技术创新重点政策

2022 年，我国科技工作坚持面向世界科技前沿、面向经济主战场、面向国家重大需求、面向人民生命健康，立足高水平科技自立自强这一宏伟目标，深入实施创新驱动发展战略，制定了一系列科学化、系统化、有针对性的工业技术创新政策。在企业创新方面，工业技术创新政策将企业科技创新主体地位摆在了极为重要的位置，特别聚焦工程化、中试、小规模量产等创新能力关键环节，重点发挥科技型骨干企业引领支撑作用，促进科技型中小微企业成长，持续增强我国产业基础能力。在创新体制机制方面，深化体制机制改革是工业技术创新政策的主线，力争破解机构设置、监管职责、权利义务等方面的障碍，构建创新驱动发展新格局。在要素支撑方面，人才、资金、数据成为推动产业科技创新的重要资源，推动创新链产业链资金链人才链深度融合。

第一节　政策环境分析

2022 年，全球经历了经济通胀、能源危机等一系列"灰犀牛""黑天鹅"事件，经济呈现加速下行趋势。随着新一轮科技革命和产业变革加速演进，人工智能、量子科技等前沿颠覆性技术取得重大进步，以智能、绿色、泛在为特征的群体性技术革命引发了国际产业分工的重大调整，以欧美国家为代表的发达国家纷纷聚焦 6G、生物医药、新能源、新材料等重点领域，出台了一系列政策措施支持产业科技创新，促进科技成果转移转化，为赢得未来全球竞争抢占先机。

一、国际环境分析

（一）各国强化顶层设计，加快布局战略前沿领域

随着世界主要国家逐步从新冠疫情中恢复，各经济体结合自身产业基础和特色优势，采取差异化战略，力争通过科技创新带动相关产业加速发展。

2022 年，美国在 6G、量子计算、芯片制造等领域制定了多项政策，谋求继续保持全球科技领先地位。2 月，美国国防部发布备忘录，提出量子科学、生物技术、先进材料等 14 个关键技术领域是未来发展的重点，特别强调技术创新成果转化为实际应用的价值，意图打通"基础研发—工程化试验—商业化"一条龙链条。6 月，拜登签署两项指令，旨在进一步加快美国量子信息技术的发展，同时明确量子计算机在国家安全和经济安全中存在的风险、隐患，并加以应对。8 月，拜登政府签署《2022 年芯片与科学法案》。9 月，美国商务部发布 500 亿美元芯片计划实施战略，提出加强集成电路领域设计领导地位，对本土芯片龙头企业的研发与生产制造提供巨额补贴，并实施差异化产业扶持政策。

2022 年 3 月，英国研究与创新署发布《共同改变明天：2022—2027 年战略》，该战略锚定先进材料与制造，人工智能、数字和先进计算等 7 个技术优势领域，立足构建卓越科研体系这一世界级目标，提出多样性、连通性、韧性和融合性四大变革。具体来看，该战略聚焦培养从事顶尖研发工作的技能型团队，力争使英国成为对全球人才最有吸引力的国家，同时加快部署"创新加速器"（孵化平台），促进私营企业科技创新投资，缩短成果转化、商业化和知识交流的周期。6 月，英国发布新版《数字战略》，明确了数字基础、创意和知识产权等六大支柱领域，意图开展各类数字创新活动，进一步巩固自身科技大国地位。与此同时，英国国防部发布《国防人工智能战略》，提出打造前沿技术枢纽，创建国防 AI 中心，促进新兴技术研发应用，从而支持实现英国在 2030 年成为科技超级大国的战略目标。

2022 年，日本的工业技术创新政策聚焦应对气候变化、疫苗研究等领域。2 月，日本政府确定《全球变暖对策推进法（修正案）》，强调利用财政资金杠杆效应，广泛吸引民间金融机构和社会资本参与，助力实现"减排"和"零排"两大目标。同时，该修正案提出要重点关注开发可再生能源，进一步提高能源

使用效率,以全面实现脱碳社会。

2022 年 10 月,德国联邦教研部官网公布了《研究与创新未来战略(草案)》,这将取代 2018 年发布的《2025 年高科技战略》。该草案确定了 6 个关键领域,旨在增强德国的科技创新实力和科技大国地位,更好地应对全球性挑战,确保欧洲技术主权。9 月,德国正式启动亥姆霍兹联合会氢创新集群项目(HC-H2),特别注重将技术研发、大规模生产、氢能存储等技术集于一体,同时加强与澳大利亚、新西兰等国的氢能合作,并与多个非洲国家洽谈。

2022 年 4 月,俄罗斯总统普京签发《关于宣布俄罗斯联邦科学技术 10 年》的第 231 号总统令,确定了未来 10 年俄罗斯科技发展的三大基本任务。该总统令提出,要进一步吸引年轻人才从事科研工作,破解国家和社会发展重大问题,提高公民对中长期科技信息的获取。通过上述方式,俄罗斯旨在加强科技在解决国家和社会重大问题中的作用,激发民众参与科技创新的积极性,为国家发展做出贡献。

(二)国际竞争日益激烈,全球产业格局正在深度调整

2022 年,全球科技竞争更加趋于白热化,中美大国之间的博弈呈现螺旋式上升趋势,以欧美为代表的国家和地区纷纷加速强化前沿技术,强化战略性新兴领域部署,而亚洲中心城市和部分湾区都市圈创新优势持续凸显,国际创新格局向多极化方向发展。

从行业层面来看,在产业数字化、网络化、智能化融合发展需求带动下,全球半导体产业技术创新呈现蓬勃发展之势。2022 年 3 月,美国半导体行业协会发布报告,尽管市场呈现周期性低迷情况,但 2022 年全球半导体销售额仍达到 5740 亿美元,较 2021 年增长 3.3%,再次创历史新高。全球知名独立分析机构 Canalys 发布的报告显示,2022 年全球新能源汽车增长量共计 1010 万辆,同比增长 55%。其中,中国已成为全球最大的新能源汽车市场,全球新增数量中共计 590 万辆来自中国。欧洲是全球第二大新能源汽车市场,2022 年共计销售新能源汽车 260 万辆,约占全球的 26%。

从区域层面来看,《国际科技创新中心指数 2022》显示,世界主要国家依托自身优势形成了若干科技中心,产业链和供应链本土化、区域化、短链化导致这些科技中心及所衍生出的产业创新生态的异质化程度逐步加深。具体来看,圣何塞、波士顿、纽约等美国城市依托雄厚的科研基础、人才资源及跨国巨头,成为

原始创新的策源地；伦敦、慕尼黑等欧洲城市在创新文化、公共服务等方面具备显著的优势，在低碳环保、新能源汽车产业领域颇有建树；以北京、上海、东京为代表的亚洲城市则在加快科学基础设施建设方面起到较强的创新要素聚集、区域产业辐射带动作用，正在推动国际创新版图向多极化、散点状方向发展。值得关注的是，以中美两国为代表的中西方之间在产业科技领域竞争愈演愈烈，我国正在加速推动制造业向高端化、智能化、绿色化转型，而美国则试图通过各种手段对我国先进制造业进行遏制打压，这种竞争形势会对世界产业格局和全球治理产生极为深远的影响。

二、国内环境分析

（一）前沿技术和颠覆性技术创新不断涌现，未来机遇和挑战并存

当前，创新在我国现代化建设全局中的核心地位愈加凸显，前沿技术和颠覆性技术成为未来抢占发展先机的关键。2022 年，我国在前沿技术和颠覆性技术领域取得了一系列骄人成绩。例如，国家重大科技基础设施"稳态强磁场实验装置"取得重大突破，实现场强 45.22 万高斯的稳态强磁场，成为目前全球范围内可支持科学研究的最高稳态磁场，刷新了同类型磁体近 23 年的世界纪录。在生物医药领域，康希诺成功研发全球首款吸入式腺病毒载体新冠疫苗克威莎，该疫苗能够以注射疫苗五分之一剂量的雾化成分激活黏膜免疫，相比普通疫苗具有无痛、安全、便捷等优点，为广大人民群众提供有效的防护屏障。

总体来看，前沿技术和颠覆性技术的蓬勃兴起在给我国产业科技创新带来机遇的同时，也带来了诸多风险与挑战。一方面，随着技术迭代更新速度不断加快，前瞻布局关键领域为产业"换道超车"带来新契机。由于前沿技术和颠覆性技术具有较强的复杂性的多变性，通过打破现有"技术延长线"思维定式，我国可在集成电路、重大装备等关键领域另辟蹊径，谋求突破，彻底跳出"引进—消化—吸收—落后—再引进"怪圈，形成新的技术和产业优势。另一方面，前沿技术和颠覆性技术的应用易引发多方安全风险，给我国集中监管治理模式带来新挑战。鉴于前沿技术和颠覆性技术发展的复杂性和不确定性，极易引发网络安全、隐私保护、数字鸿沟等诸多问题，给我国现有监管治理模式带来挑战，以大数据、区块链为代表的新一代信息技术日新月异，相关部门应积极把握，加快出台相关政策，避免监管"真空"。

（二）深入贯彻绿色发展理念，促进产业可持续发展

2022 年，围绕原材料、冶金等重点工业领域节能降碳和绿色转型，我国相关部门加快实施绿色制造工程，加大绿色技术装备和产品供给，积极推进资源循环利用。2022 年 1 月，中共中央政治局就努力实现碳达峰碳中和目标进行第三十六次集体学习，明确提出实现碳达峰碳中和，是立足新发展阶段、贯彻新发展理念、构建新发展格局、推动高质量发展的内在要求，是党中央统筹国内、国际两个大局做出的重大战略决策。在党中央、国务院的决策部署下，我国坚决遏制高耗能、高排放、低水平项目盲目发展，大力推行绿色制造，启动实施工业领域碳达峰行动。为更好地推动绿色能源普及，我国持续推动光伏、风电、核电稳步发展，进一步壮大绿色消费市场。截至 2022 年 6 月，我国已经建成 2783 家绿色工厂、223 家绿色工业园区及 296 家绿色供应链企业，重点行业绿色化改造进程加快，钢铁、纺织、石化、冶金等重点用能行业的能效水平大幅提升。

值得关注的是，实现"双碳"目标是一场广泛而深刻的经济社会变革，绝非一朝一夕之功。目前，我国整体处于工业化中后期阶段，部分制造业还处于国际产业链中低端，传统"三高一低"（高投入、高能耗、高污染、低效益）产业在国民经济中仍占较高比例。除此之外，我国传统行业还存在生产管理模式粗放、污染物排放量高、产品附加值低等诸多问题。特别是在土地、劳动力等资源要素趋紧的大背景下，我国产业绿色化转型过程中还面临关键技术"卡脖子"、能源资源利用效率低等挑战，亟待转变建立在化石能源基础上的工业体系，促使工作发展模式向可持续发展转变。

（三）企业牵头的创新体系不断完善，产学研协同合力持续增强

2022 年，我国加快推动产业科技创新体系建设，一大批中央企业、民营科技领军企业和专精特新企业积极参与产学研协同攻关，促进多主体、多要素、多链条深度融合，努力突破关键核心技术难题，在重点领域、关键环节实现自主可控。党的二十大报告明确提出，加强企业主导的产学研深度融合，强化目标导向，提高科技成果转化和产业化水平。通过多元参与主体在资金、人才、项目、科研设施等方面的资源要素协同，我国加快组建体系化、任务型产学研协同创新联合体，聚力破解技术瓶颈，加速创新成果向现实生产力转化。

事实上，我国产业科技创新生态建设仍然存在一些问题亟待解决。例如，科技政策落实落地需要进一步深化，创新主体协同程度有待加强，创新激励机制和评价体系不够健全等。一方面，要统筹布局各类资源要素，精准、及时出台政策措施，促进政策链、产业链、创新链、服务链联动的政产学研创新发展模式，为自主创新提供有力支撑。另一方面，要着力培育创新型企业，特别是发挥科技领军企业的作用，形成产业链上中下游合作、大中小企业协同的梯次型创新集群，促进产业整体跃升。

第二节　主要政策分析

2022 年，我国各地各部门坚决贯彻落实中央经济工作会议精神，将工业技术创新政策扎实落地作为首要任务。截至 2022 年年底，中共中央、国务院，以及工业和信息化部等部门聚焦大中小企业融通创新、质量品牌建设、知识产权保护等方面，陆续发布了《关于开展"携手行动"促进大中小企业融通创新（2022—2025 年）的通知》《关于完善工业和信息化领域科技成果评价机制的实施方案（试行）》等一系列工业技术创新政策（见表 3-1）。

表 3-1　2022 年我国重点工业技术创新政策

时间	颁发部门	政策名称
2022 年 1 月	工业和信息化部、科学技术部、生态环境部	《环保装备制造业高质量发展行动计划（2022—2025 年）》
2022 年 1 月	工业和信息化部	《关于大众消费领域北斗推广应用的若干意见》
2022 年 1 月	工业和信息化部等八部门	《关于加快推动工业资源综合利用的实施方案》
2022 年 4 月	工业和信息化部等六部门	《关于"十四五"推动石化化工行业高质量发展的指导意见》
2022 年 4 月	工业和信息化部、国家发展和改革委员会	《关于产业用纺织品行业高质量发展的指导意见》

续表

时间	颁发部门	政策名称
2022 年 4 月	工业和信息化部、国家发展和改革委员会	《关于化纤工业高质量发展的指导意见》
2022 年 5 月	工业和信息化部等十一部门	《关于开展"携手行动"促进大中小企业融通创新（2022—2025 年）的通知》
2022 年 6 月	工业和信息化部	《优质中小企业梯度培育管理暂行办法》
2022 年 7 月	工业和信息化部等五部门	《关于推动轻工业高质量发展的指导意见》
2022 年 7 月	工业和信息化部等五部门	《数字化助力消费品工业"三品"行动方案（2022—2025 年）》
2022 年 7 月	工业和信息化部、国家发展和改革委员会、生态环境部	《工业领域碳达峰实施方案》
2022 年 8 月	工业和信息化部等五部门	《关于加快邮轮游艇装备及产业发展的实施意见》
2022 年 8 月	工业和信息化部等七部门	《信息通信行业绿色低碳发展行动计划（2022—2025 年）》
2022 年 8 月	工业和信息化部等五部门	《加快电力装备绿色低碳创新发展行动计划》
2022 年 9 月	工业和信息化部等四部门	《原材料工业"三品"实施方案》
2022 年 9 月	工业和信息化部等五部门	《关于加快内河船舶绿色智能发展的实施意见》
2022 年 10 月	工业和信息化部等五部门	《虚拟现实与行业应用融合发展行动计划（2022—2026 年）》
2022 年 11 月	工业和信息化部等四部门	《建材行业碳达峰实施方案》
2022 年 11 月	工业和信息化部、国家发展和改革委员会、生态环境部	《有色金属行业碳达峰实施方案》
2022 年 12 月	工业和信息化部	《关于完善工业和信息化领域科技成果评价机制的实施方案（试行）》

数据来源：赛迪智库整理，2023 年 5 月。

一、《关于大众消费领域北斗推广应用的若干意见》

为推动北斗系统在大众消费领域的规模化应用，提升北斗系统用户体验和竞争优势，将大众消费领域打造成北斗规模化应用的动力引擎，2022 年 1 月，工业和信息化部印发《关于大众消费领域北斗推广应用的若干意见》。该政策提出突破关键核心技术和产品、丰富智能终端北斗位置服务，以及扶持企业做优做强等 9 项任务；强化统筹协作、加大支持力度和加强宣传引导三大保障措施。

二、《关于产业用纺织品行业高质量发展的指导意见》

为推动产业用纺织品行业高质量发展，更好服务国民经济发展和满足人民美好生活需要，2022 年 4 月，工业和信息化部、国家发展和改革委员会印发《关于产业用纺织品行业高质量发展的指导意见》。该政策提出 5 项重点任务（强化科技创新，稳固产业发展基础；加快产业结构升级，推进产业高端化；坚持绿色发展，提高资源利用效率等），8 个重点领域提升行动（高品质非织造布、安全防护与应急救援用纺织品、过滤用纺织品等），以及 5 项政策措施（加大政策支持、加强人才队伍建设等）。

三、《关于开展"携手行动"促进大中小企业融通创新（2022—2025 年）的通知》

为推动大企业加强引领带动，促进产业链上中下游、大中小企业融通创新，2022 年 5 月，工业和信息化部等部门印发《关于开展"携手行动"促进大中小企业融通创新（2022—2025 年）的通知》。该政策提出打造大中小企业创新链、巩固大中小企业产业链、延伸大中小企业供应链、打通大中小企业数据链等 7 项重点任务，以及强化组织领导、强化政策支持、强化宣传引导 3 项工作要求。

四、《优质中小企业梯度培育管理暂行办法》

为提升中小企业创新能力和专业化水平，促进中小企业高质量发展，助力实现产业基础高级化和产业链现代化，2022 年 6 月，工业和信息化部印发《优质中小企业梯度培育管理暂行办法》。该政策提出优质中小企业评价和认定工作坚持政策引领、企业自愿、培育促进、公开透明的原则，按照"谁推荐、谁把关，谁审核、谁管理"方式统筹开展、有序推进。同时，该政策强调建立优质中小企业梯度培育体系，制定分层分类的专项扶持政策，加大服务力度，维护企业合法权益，不断优化中小企业发展环境，激发涌现一大批专精特新企业。

五、《数字化助力消费品工业"三品"行动方案（2022—2025 年）》

为推进数字化助力消费品工业深入实施"三品"战略，更好满足和创造消费需求，增强消费拉动作用，促进消费品工业加快迈向中高端步伐，2022 年 7 月，工业和信息化部等五部门印发《数字化助力消费品工业"三品"行动方案（2022—2025 年）》。该政策提出到 2025 年，消费品工业领域数字技术融合应用能力明显增强，培育形成一批新品、名品、精品，品种引领力、品质竞争力和品牌影响力不断提升的主要目标，数字化助力"增品种"、数字化助力"提品质"、数字化助力"创品牌"三大重点任务，以及加强组织实施、强化政策支持、推动标准引领等 5 项保障措施。

六、《关于加快邮轮游艇装备及产业发展的实施意见》

为发挥我国造船大国和巨大市场优势，以符合国际质量要求为标杆，以满足邮轮游艇消费大众化发展为主导，实施邮轮游艇产业链提升工程，加快形成邮轮游艇装备产业体系，带动国内旅游客船品质升级，培育完善产业生态，打造发展新优势，加快构建产业发展新格局，2022 年 8 月，工业和信息化部等五部印发《关于加快邮轮游艇装备及产业发展的实施意见》。该政策提出提升设计建造能力、完善装备产业基础、扩大消费市场需求等 4 个方面的 13 项重点任务，以及加强统筹协同推进、完善政策法规标准、加大财政金融支持 3 项组织和政策保障。

七、《虚拟现实与行业应用融合发展行动计划（2022—2026 年）》

为提升我国虚拟现实产业核心技术创新能力，激发产业服务体系创新活力,加快虚拟现实与行业应用融合发展,构建完善虚拟现实产业创新发展生态,2022 年 10 月,工业和信息化部等五部门印发《虚拟现实与行业应用融合发展行动计划(2022—2026 年)》。该政策提出推进关键技术融合创新,提升全产业链条供给能力,加速多行业多场景应用落地等 5 项重点任务,以及加强统筹联动、优化发展环境等 7 项保障措施。

第三节　主要特点分析

一、强化技术创新引领,着力提升产业核心竞争力

坚持创新在现代化建设全局中的核心地位,提升重点产业的关键核心技术攻关能力已成为我国工业技术创新政策的重中之重。2022 年,工业和信息化部等部门出台了《关于大众消费领域北斗推广应用的若干意见》《环保装备制造业高质量发展行动计划(2022—2025 年)》等政策,特别强调了突破关键核心技术产品,以科技创新确保产业链、供应链稳定的重要性,并有针对性地部署了相关任务。例如,《关于大众消费领域北斗推广应用的若干意见》指出,重点突破短报文集成应用、融合卫星/基站/传感器的室内外无缝定位、自适应防欺骗抗干扰等关键技术,加快推进高精度、低功耗、低成本、小型化的北斗芯片及关键元器件研发和产业化。《环保装备制造业高质量发展行动计划(2022—2025 年)》提出,围绕减污降碳协同增效、细颗粒物(PM$_{2.5}$)和臭氧协同控制、非电行业多污染物处置、海洋污染治理、有毒有害污染物识别和检测以及生态环境应急等领域,开展重大技术装备联合攻关。

二、发挥企业主体作用,培育壮大产业发展新动能

为更好地强化企业科技创新主体地位,充分发挥企业在技术决策、研发投入、科研组织、成果转化等方面的作用,2022 年,相关部门出台了《关于开展"携手行动"促进大中小企业融通创新(2022—2025 年)的通知》《企业技术创新能力提升行动方案(2022—2023 年)》《优质中小企业梯度培育管理暂行办法》等专门性政策文件,在发挥龙头企业带动作用,营造有利于科技型中小微企业成长的良好环境,促进大中小企业融通发展等方面做了部署。《关于开展"携手行动"促进大中小企业融通创新(2022—2025 年)

的通知》强调，梳理产业链薄弱环节和大企业配套需求，组织专精特新中小企业开展技术攻关和样机研发，引导中小企业精准补链；梳理专精特新"小巨人"企业产业链图谱，按产业链组织与大企业对接，助力中小企业融入大企业产业链。《企业技术创新能力提升行动方案（2022—2023 年）》提出，推动各类科技成果转化项目库向企业开放，加快各级科技计划等成果在企业转化和产业化；面向重点行业龙头企业征集技术产品问题，组织中小企业"揭榜"。

三、加快人才引进培养，增强产业高质量发展后劲

人才是产业高质量发展的根本，是推动我国制造业高端化、智能化、绿色化发展的基础性、战略性支撑。2022 年，在我国的工业技术创新政策中，人才建设被放在了极为重要的地位，相关部门出台的《关于加快邮轮游艇装备及产业发展的实施意见》《关于化纤工业高质量发展的指导意见》均提出加强专业人才培养、优化人才队伍结构等任务。《关于加快邮轮游艇装备及产业发展的实施意见》提出，加强邮轮游艇和旅游客船设计建造、运营管理、旅游服务、法律咨询等全产业链人才队伍建设。《关于化纤工业高质量发展的指导意见》提出，依托重大科研和产业化项目，培养学术、技术和经营管理领军人物；支持行业开展杰出人才评选等活动，壮大高技能人才队伍。

四、加大财政金融支持，为产业转型升级精准赋能

金融作为现代经济的血脉，是赋能产业高质量发展的重要动力。2022 年，我国出台的工业技术创新政策文件大多强调科技金融的重要作用，致力于进一步发挥财政金融政策合力作用，综合运用贴息、奖补、分险、增信"组合拳"，引导金融机构更好地服务产业发展。其中，《虚拟现实与行业应用融合发展行动计划（2022—2026 年）》提出，统筹利用国家级基金，引导社会资本投入，推进产业资金有效供给。《信息通信行业绿色低碳发展行动计划（2022—2025 年）》提出，积极利用现有资金渠道，支持信息通信行业绿色低碳发展；将符合条件的企业和项目纳入工业绿色发展指导目录以及转型金融支持范围。

行　业　篇

第四章

电子信息行业

2022 年，我国电子信息产业继续保持相对稳定的增长，其发展表现出强劲韧性。具体而言，我国电子信息产业标准与质量品牌建设稳步推进，行业研发投入和专利数量呈现较快增长，新产品研发步伐逐步加快。与此同时，部分子行业存在产业技术基础依旧薄弱、产业链建设仍需完善、多层次人才供给体系尚不健全等问题。基于以上分析，本章提出要持续提升电子信息产业创新能力，推动产业链式协同发展，以及加强电子信息产业创新生态建设等建议。

第一节　总体情况

一、重点领域技术发展、创新及产业化情况

（一）通信设备制造业

2022 年，通信设备制造业细分领域发展情况略有不同。一方面，我国手机产业发展速度放缓。工业和信息化部 2023 年 2 月发布的数据显示，2022 年我国手机产量 15.6 亿部，同比下降 6.2%，其中智能手机产量 11.7 亿部，同比下降 8%[①]，智能手机产量占比达到 75%。据海关统计，2022 年我国手机出口 1427 亿美元，同比下降 2.5%[②]，表明我国手机出口量出现了一定程度的下滑。另一方面，我国移动通信设备产业行业运行整体良好，网络基础设施建设加快推进，移动信息设备制造商与电信运营商、系统集成商、云厂商逐步实现产业集群发

---

① 工业和信息化部运行监测协调局：《2022 年电子信息制造业运行情况》，2023 年 2 月 2 日。
② 中国电子信息行业联合会：《2022 年电子信息行业经济运行报告》，2023 年 2 月 1 日。

展和链式发展。

1. 手机产品

2022 年，受国内手机市场基本饱和、消费者换机意愿降低等因素影响，我国手机市场发展放缓，与当前全球手机市场走势接近。我国国内市场手机总体出货量累计 2.72 亿部，较 2021 年下降 22.6%。在国产手机市场占有率方面，国产品牌手机出货量累计 2.29 亿部，较上年同期下降 24.7%，占同期手机出货量的 84.2%。国产品牌手机依然是中国手机市场的主力。调研机构 Counterpoint 发布的数据显示，2022 年中国手机市场前六位品牌的市场总占有率达到 93.2%，其中，vivo 占第一位，随后依次为苹果、OPPO、荣耀、小米、华为等品牌（见图 4-1）。vivo 手机市场占比为 19.2%，位居国内市场第一。分列第二、第四位的苹果、荣耀手机市场占比逆势上涨。华为手机居第六位，市场占比为 7.9%，较上年同期下降 2.1 个百分点。华为手机产能逐渐恢复，并成功发布华为 Mate 50 系列手机等新品。

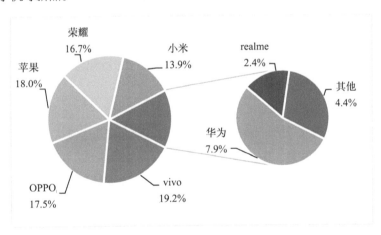

图 4-1　2022 年中国手机市场品牌占有率分布
（数据来源：调研机构 Counterpoint，赛迪智库整理，2023 年 5 月）

当前，在我国手机技术发展已相对成熟，手机产业供给由相对短缺转为相对过剩，以及手机市场由增量市场转为存量市场的背景下，我国手机行业具有以下特征。

一是产业链供应链生态日趋成熟。当前，我国手机企业围绕技术、设计、用户体验及生态建设、产业链建设等方面提升自身核心竞争力，从屏幕供应链、摄像头技术、电池和芯片等方面进行战略投资与合作，整合产业资源，推动产业生态系统逐步完善。

二是产品高端化进程逐步加快。华为、vivo 等相继发布高端产品。例如，vivo 发布 S 系列、X 系列高端手机产品，市场表现良好。其中，vivo X90 搭载天玑 9200 旗舰芯片，配备自研 V2 芯片，应用 6.78 英寸 AMOLED 护眼屏，支持 120Hz 刷新率及 2160Hz 高频调光，前置 3200 万像素镜头与后置 5000 万像素 VCS IMX866 三摄组合，搭配蔡司 T*光学镜头，配备等效 4810mAh 电池及 120W 快充，并且支持 IP64 级别防尘防水，产品性能较为突出。

三是折叠屏技术领域创新仍具有较广阔的应用前景。2022 年，随着全球智能手机市场的低迷和折叠屏市场的逆势大涨，折叠屏手机具有外观形态多样等优势，依旧是智能手机的发展重点。在折叠屏市场竞争中，我国企业已展现出较强的技术实力。在品牌方面，华为、OPPO、小米等品牌已经发布多款折叠屏手机。2022 年 3 月，华为推出的新款折叠屏旗舰华为 Mate X3 备受关注。

2. 移动通信设备

2022 年，我国移动通信设备产业保持较快增长，行业运行整体向好，移动通信基站设备等产品产量同比增长 16.3%。

网络基础设施建设加快推进。2023 年 1 月，工业和信息化部发布的《2022 年通信业统计公报》显示，截至 2022 年年底，全国移动通信基站总数达 1083 万个，净增加 87 万个，其中 5G 基站 231.2 万个（新建 5G 基站 88.7 万个），约占移动通信基站总数的 21.3%，较 2021 年提升 7 个百分点。我国数据中心机架数量稳步增长。三大基础电信企业互联网数据中心机架数量达 81.8 万个，净增加 8.4 万个。

固定资产投资持续增长。2022 年，中国铁塔股份有限公司与三大基础电信企业共完成电信固定资产投资 4193 亿元，较 2021 年增长 3.3%。其中，5G 投资额为 1803 亿元，较 2021 年下降 2.5%。

移动通信设备制造商与电信运营商、系统集成商、云厂商通过集群发展、链式发展，持续推进传统设施"智慧+"改造，构建"5G+千兆光网+智慧专网+物联网"通信网络基础设施体系。国内通信设备制造商，如华为、中兴，通过光传输设备、交换机、路由器、移动通信系统、移动终端、光伏逆变器等产品，带动产业链上下游数千家企业协同发展。

（二）电子视听设备制造业

2022 年，我国加快培育电子视听设备制造业产业链，完善相关治理机制，音视频领域发展活力得到显著增强。中研普华产业研究院测算，2022 年我国电子视听产业市场规模约为 4.02 万亿元，较 2021 年增长 41%。

在技术储备方面，当前，我国 8K 超高清显示、Micro LED 显示、Mini LED 背光显示、物联网、激光投影、电子纸显示、AR/VR、AI 算法等技术持续赋能产业，生产工艺持续升级，我国电子视听设备制造业逐步向数字化、网络化、智能化、多功能化发展。

在生产制造智能化方面，电子视听设备企业通过引入 ERP、OA 等数字化管理系统，加快数字化转型，优化生产管理环节，全面提高企业质量管理水平。

在产业标准化建设方面，2022 年 12 月，中国电子视像行业协会公共信息显示分会发起，广州视源电子科技股份有限公司牵头，并联合苏大维格、京东方、维业达、创维光电、TCL 华星、洛图科技、海信商用显示等企业共同参与完成《交互平板触控系统技术规范》的制定。

在行业规范化建设方面，2022 年，中国电子视像行业协会在第十八届中国音视频产业大会上发布《电子视像行业反垄断合规指南》，旨在通过建立反垄断合规制度促进行业健康有序发展。

（三）计算机制造业

2022 年，我国计算机制造业数字化、智能化发展态势明显，细分领域发展出现两极分化情况。其中，工业控制计算机及系统等产品产量比 2021 年增长 15%，个人计算机领域的市场需求出现饱和，市场表现相对欠佳。国家统计局发布的数据显示，2022 年中国电子计算机整机累计产量为 45314.8 万台，累计下降 8.1%。分区域看，四川为电子计算机产量最高的省份（9248.39 万台，占比约为 20.41%），重庆（8631.92 万台，占比为 19.05%）和广东（8085.15 万台，占比约为 17.84%）分列第二、第三位，三地产量之和约占全国的 57.3%，江苏、江西、安徽分列第四、第五、第六位，前六大省份产量之和占比约为 82.4%。

1. 超级计算机

我国算力底座不断夯实，超级计算机依旧保持着较好的发展势头。2022

年，第 59 届全球超算 Top 500 榜单数据显示，中国超级计算机数量居全球第一位，达 173 台，占总体比重为 34.6%，其中"神威太湖之光""天河二号"排名分别为第六位和第九位。在高校方面，上海交通大学的"思源一号"位列第 138 位，在全球高校超级计算机系统中名列前茅。在企业方面，联想集团成为世界最大超级计算机制造商。2022 年，第四代"神威·蓝光Ⅱ"建成，计算能力比初代机器"神威·蓝光"提升 14 倍。同年 10 月，"天河"新一代超级计算机系统建成启动。该系统双精度浮点峰值计算性能达 200PFlops，相当于每秒进行 20 亿亿次计算，比"天河一号"超级计算机算力提升近 150 倍。除可提供高性能工程仿真计算外，该超级计算机还可以进行人工智能、区块链、大数据和元宇宙等新应用领域计算分析，在大气海洋环境、新材料、新能源、天文物理等多领域有十分广阔的应用前景，预计将在促进科技进步、保障国家安全、推动经济发展方面发挥重要作用。

2. 个人计算机

在技术创新方面，当前随着大数据、开源软件等技术逐步发展，我国计算机企业围绕基础软硬件等持续发力。在产能方面，工业和信息化部数据显示，2022 年，我国微型计算机设备产量为 4.34 亿台，较上年同期下降 8.3%。在品牌及占有率方面，国家发展和改革委员会提供的数据显示，2022 年我国个人计算机出货量前五的企业市场占有率总和约为 75.5%。其中，联想出货量为 1925.3 万台，较上年同期下降 15.5%，市场占有率约为 39.7%；华硕出货量约为 377 万台，较上年同期增长 6.5%，市场占有率约为 7.8%；华为出货量为 357.6 万台，较上年同期增长 89.1%，市场占有率约为 7.4%。

(四)电子材料、元器件制造业

2022 年，我国电子元器件行业全年波动式下滑，销售利润负增长。工业和信息化部发布的《2022 年电子信息制造业运行情况》显示，2022 年，我国集成电路产量为 3242 亿块，较 2021 年下降 11.6%。据海关统计，2022 年，我国出口集成电路 2734 亿块，较 2021 年下降 12%。

在技术创新方面，2022 年，我国企业在多层陶瓷电容器、微型光机电系统等技术领域稳步发展。例如，风华高科全面布局多层陶瓷电容器及片阻关键材料，通过自主研发和产业链战略合作助力材料国产化发展，材料布局种类包括瓷粉、黏合剂、端电极浆料、内电极浆料、稀土氧化物添加剂等。2022年，该企业推出能量型锂离子超级电容器产品，在相同规格尺寸下，容量高于碳基超级电容器约10倍，技术处于国内领先水平。

在产业布局方面，2022年，我国山东、上海等多省市加快电子材料、元器件制造业发展步伐。例如，山东省青岛市实施华芯晶元第三代半导体化合物晶片衬底项目建设；上海市加快第三代化合物半导体发展步伐，发展柔性基板封装、晶圆级封装、2.5D/3D封装、系统封装等先进封装技术，强化本地相关产业的配套能力。

在行业规范建设方面，2022年6月，中国电子信息行业联合会发布《重大技术装备推广应用导向目录——电子专用装备领域（2022年版）》，旨在为相关产业升级与技术进步提供支撑。

（五）软件和信息技术服务业

2022年，我国软件和信息技术服务业整体发展向好，对经济的赋能带动作用明显。工业和信息化部发布的《2022年软件和信息技术服务业统计公报》显示，2022年我国软件和信息技术服务业运行稳步向好，软件业务收入跃上十万亿元台阶，盈利能力保持稳定，软件业务出口保持增长。2022年，我国软件和信息技术服务业营业收入为108126亿元，比上年增长11.2%，行业规模以上企业超过3.5万家，实现利润总额为12648亿元，比上年增长5.7%。

分领域来看，在软件产品方面，2022年我国软件产品实现收入26583亿元，比上年增长9.9%，占软件和信息技术服务业全行业收入比重为24.6%；在信息技术服务方面，2022年实现收入70128亿元，比上年增长11.7%，占软件和信息技术服务业全行业收入比重为64.9%；在信息安全产品和服务方面，2022年实现收入2038亿元，较上年增长10.4%；在嵌入式系统软件方面，2022年实现收入9376亿元，较上年增长11.3%。

分区域来看，该行业在东部地区保持较快增长，在中西部地区的行业增长势头也较为突出。相关数据显示，2022年东部地区行业收入领跑全国，为88663亿元，占全行业收入比重为82.0%；中部地区实现收入5390亿元，占全行业收入比重为5.0%；西部地区实现收入11574亿元，占全行业收入比重为10.7%；东北地区实现收入2499亿元，占全行业收入比重为2.3%。

分省级行政区域来看，2022 年软件和信息技术服务业收入最高的五大省市依次为北京、广东、江苏、山东、浙江，共实现收入 74537 亿元，占全国该行业收入比重为 68.9%，占比相较上年提高 2.9 个百分点。另外，贵州、湖北等省份软件和信息技术服务业的收入增速超 20%。

2022 年我国软件和信息技术服务业发展呈现如下特征。

一是自主创新能力不断增强。例如，2022 年 2 月，凯云科技自主研发的 ETest 半实物仿真测试系统开发平台 V7.0 与麒麟软件公司的银河麒麟桌面操作系统（兆芯版）V10 等完成兼容性测试，产品达到通用兼容性要求及性能、可靠性要求。ETest 作为一套针对嵌入式设备可以快速构建测控系统的集成开发环境，能够广泛应用于工业控制、仪器仪表、武器装备、航空航天等领域。

二是龙头企业的行业标杆效应明显。2023 年 2 月，中国电子信息行业联合会与电子工业出版社华信研究院联合发布"2022 年度软件和信息技术服务竞争力百强企业"榜单，其中，腾讯、华为、百度等企业居于前列。这些企业在巩固产业基础方面，重点关注操作系统与中间件、数据库、芯片及各应用软件之间的适配性、集成度和优化情况，并且通过云计算、人工智能、大数据等新兴技术，促进平台软件加快融通发展。在该榜单中排名前十名的企业如表 4-1 所示。

表 4-1 "2022 年度软件和信息技术服务竞争力百强企业"榜单前十名

排名	公司名称
1	深圳市腾讯计算机系统有限公司
2	华为技术有限公司
3	北京百度网讯科技有限公司
4	中国通信服务股份有限公司
5	中兴通讯股份有限公司
6	杭州海康威视数字技术股份有限公司
7	网易（杭州）网络有限公司
8	小米集团
9	国网信息通信产业集团有限公司
10	海信集团控股股份有限公司

数据来源：《2022 年度软件和信息技术服务企业竞争力报告》，赛迪智库整理，2023 年 5 月。

二、重要数据

（一）研发投入情况

2021 年，我国电子信息产业中电子及通信设备制造业、电子工业专用设备制造业等子行业在研发人员数量和研发经费内部支出等方面均保持较快增长，其中电子器件制造业、电子元件及电子专用材料制造业、智能消费设备制造业等产业研发经费内部支出同比增长超过三成，如表 4-2 所示。

表 4-2　2021 年电子信息产业 R&D 研发人员数与 R&D 经费内部支出

行业	R&D 人员折合全时当量/人年	R&D 人员折合全时当量同比增长	R&D 经费内部支出/万元	R&D 经费内部支出同比增长
电子及通信设备制造业	707380	13.4%	36345892	24.0%
电子工业专用设备制造业	23636	32.3%	954675	21.3%
通信设备、雷达及配套设备制造业	210077	5.0%	11405426	13.6%
电子器件制造业	161797	18.0%	10323260	33.0%
电子元件及电子专用材料制造业	158303	17.6%	6632469	36.3%
智能消费设备制造业	37939	41.2%	1539743	34.5%
计算机整机制造业	23185	38.3%	1008550	8.4%

数据来源：《中国科技统计年鉴 2022》，2022 年 12 月。

（二）知识产权情况

2021 年，我国电子及通信设备制造业、电子工业专用设备制造业、电子器件制造业、电子元件及电子专用材料制造业、智能消费设备制造业、计算机整机制造业，以及通信设备、雷达及配套设备制造业等电子信息产业的子行业在专利申请数量、发明专利数量及有效发明专利数量等方面均呈现较快增长，如表 4-3 所示。

表4-3 2021 年电子信息产业专利情况

行业	专利申请数量/件	专利申请数量同比增长	发明专利数量/件	发明专利数量同比增长	有效发明专利数量/件	有效发明专利数量同比增长
电子及通信设备制造业	265530	15.0%	142842	15.0%	490022	24.1%
电子工业专用设备制造业	13149	33.0%	4491	22.5%	14053	29.0%
通信设备、雷达及配套设备制造业	71652	4.0%	55987	9.4%	251624	27.5%
电子器件制造业	69755	12.0%	41159	12.3%	109763	19.4%
电子元件及电子专用材料制造业	44571	19.1%	16415	22.6%	53061	24.0%
智能消费设备制造业	18471	65.7%	5982	84.4%	13610	94.5%
计算机整机制造业	4779	14.0%	2586	10.3%	14689	2.8%

数据来源:《中国科技统计年鉴 2022》,2022 年 12 月。

(三)新产品情况

2021 年,在我国电子信息产业中,除通信设备、雷达及配套设备制造业等子行业新产品销售收入略有下降外,其余子行业在新产品开发项目数、新产品开发经费支出及新产品销售收入等方面的数据均呈现较快增长,如表4-4 所示。

表4-4 2021 年电子信息产业新产品开发项目数、开发经费支出、销售收入情况

行业	新产品开发项目数/项	新产品开发项目数同比增长	新产品开发经费支出/万元	新产品开发经费支出同比增长	新产品销售收入/万元	新产品销售收入同比增长
电子及通信设备制造业	110453	24.3%	49034884	20.7%	548351401	14.9%
电子工业专用设备制造业	7212	39.4%	1370401	41.7%	9677488	47.9%

续表

行业	新产品开发项目数/项	新产品开发项目数同比增长	新产品开发经费支出/万元	新产品开发经费支出同比增长	新产品销售收入/万元	新产品销售收入同比增长
通信设备、雷达及配套设备制造业	13909	16.4%	17747551	3.4%	197302469	-6.7%
电子器件制造业	27897	24.4%	12712003	36.4%	107796847	26.1%
电子元件及电子专用材料制造业	31814	29.0%	7967004	38.6%	105784984	43.3%
智能消费设备制造业	7503	43.4%	2171389	39.9%	26576860	32.2%
计算机整机制造业	2208	10.7%	1449889	17.4%	57175157	23.3%

数据来源：《中国科技统计年鉴 2022》，2022 年 12 月。

第二节　主要问题

一、产业技术基础依旧薄弱

当前，我国电子信息产业技术基础依旧薄弱，亟须围绕高端芯片、自动贴片机、集成电路、通信设备处理器等领域进行持续创新。同时，我国电子信息产业整体处于价值链中后段，制造业企业仍以劳动密集型为主，大部分产品附加值不高，知识产权布局存在不足，资本密集型企业和技术密集型企业占比仍需进一步提升。

二、产业链供应链体系建设仍不完善

一是我国电子信息产业部分领域的产品仍旧处于产业链、价值链的中低端环节，电子信息产业软硬件发展不匹配、不协调，存在硬件占比高、软件和信息技术服务业占比低的情况，影响了我国的信息安全保障能力和国际竞争力。

二是产业链上下游企业协同能力有待进一步增强，亟须加快企业数字化转型，优化生产管理环节，建设全生命周期、上下游企业协同的产业链供应链体系。

三、多层次人才供给体系尚不健全

一是行业创新人才培养机制有待健全,高校人才培养对于电子信息产业发展需求来讲存在一定滞后性,尚不能完全匹配行业发展需求。

二是高端研发人才,尤其是电子材料、核心芯片、工业软件等重点领域的研发创新人才严重缺乏。

三是技术人才供给不足,工人的素质和数量未能满足行业生产需求,制约了行业的整体生产水平。

第三节　对策建议

一、持续提升电子信息产业创新能力

一是加强产业基础研究,重点突破一批产业关键核心技术。引导有能力的企业围绕工业软件、电子元件等重点领域加大研发投入力度,支持企业、高校、科研院所等瞄准产业高端环节和关键节点提升自主创新研发水平,促进和支撑产业向价值链高端攀升。

二是完善产学研一体化协同高效机制,推进产业联合研发平台建设,联合企业、高校、科研院所推动技术研发和成果转化。

二、推动电子信息产业链式协同发展

一方面,推动产业链式协同,围绕电子信息产品设计、制造、销售等产业链上下游各环节协同布局,并促进有限资源要素向产业链中高端倾斜。

另一方面,围绕通信设备制造业、计算机制造业、电子材料及元器件制造业、软件和信息技术服务业等重点产业,加强元器件、终端设备、基础软件、云计算及信息服务等重点产品布局,构建以龙头企业为牵引、产业集聚的电子信息产业链生态,推动电子信息产业链式协同发展。

三、加强电子信息产业创新生态建设

发挥企业在高校人才培养中的重要作用,建立校企战略联盟,促进教育资源共享,通过产业升级和高水平科学研究带动高质量人才培养。推动高等教育与产业深度融合，以需求为导向，探索建设一批集教育、培训、研究于一体的共享型人才培养实践平台。进一步增加电子信息领域人才队伍储备，构建多层次从业人员培养培训体系，开展标准化专业人才培养培训等服务。鼓励技术创新、组织创新、管理创新，进一步加大对电子信息行业高端人才的激励力度。强化电子信息领域风险投资市场，引导产业投资基金、金融机构等增强对产业创新投入的支撑作用。

第五章

装备行业

　　随着新一轮科技革命与产业变革的突飞猛进，我国装备行业呈现蓬勃向上、高质量发展的强大活力，重点领域的关键核心技术频频实现重大突破，多项自主科研成果的顺利落地大幅提升了我国装备行业的自主可控能力，同时推动我国装备行业产业体系不断完善，市场占有额度持续扩大，国际竞争力加速提升。在数字化、智能化、绿色化发展路线上，新一代信息技术深度赋能我国装备行业，"大数据+""互联网+"等新技术、新模式、新业态不断涌现，并加速转变为经济发展新动能。但是，全球各国在装备行业的竞争依旧激烈，我国装备行业仍面临关键核心技术受制约、产业链协同创新不足、高端人才供给不足等重大问题，亟须在产业链协同创新、高端人才集聚等方面加大投入力度，在国际装备行业竞争中直面挑战、把握机遇，赢得装备行业的国际话语权。

第一节　总体情况

一、重点领域技术发展、创新及产业化情况

（一）智能制造

　　2022 年，在我国央地两级智能制造推进政策的引领支持下，我国智能制造产业呈现市场规模大幅攀升、产业集群飞速壮大、关键核心技术持续突破，以及典型应用场景不断拓展等发展趋势，智能制造现已成为我国经济发展的重要引擎之一。以工业机器人为例，随着智能制造行业内自动化技术、人工智能技术等核心技术的快速发展，我国工业机器人市场规模大幅扩大。中国机器人产业联盟提供的数据显示，2022 年我国规模以上工业企业的工业机器人累计完成产量

44.3万套，同比增长21.04%，我国已经连续9年成为全球第一工业机器人市场。当下，我国智能制造产业正面临全球新一轮科技革命和产业变革所带来的重大发展机遇，我国正以智能制造为主攻方向，高效运用人工智能、物联网、云计算及大数据等新兴技术，推动我国产业技术变革和优化升级，不断提升我国工业基础能力，促进我国产业迈向全球价值链中高端，真正实现我国制造业高质量发展。

1. 政策发布情况

在国家政策方面，工业和信息化部、国家发展和改革委员会、科学技术部等部门高度重视以智能制造为主攻方向推动制造业高质量发展，出台了一系列国家政策，以引领推动智能制造产业高质量发展。2022年1月，工业和信息化部、住房和城乡建设部、交通运输部、农业农村部及国家能源局共同印发《智能光伏产业创新发展行动计划（2021—2025年）》，要求到2025年，智能制造、绿色制造取得明显进展，智能光伏产品供应能力增强，智能光伏产业生态体系建设基本完成。2022年1月，工业和信息化部、科学技术部、生态环境部共同印发《环保装备制造业高质量发展行动计划（2022—2025年）》，要求完善环保装备数字化智能化标准体系，建设一批模块化污水处理装备等智能制造示范工厂，稳步提高大气治理、污水治理、固废处理等领域技术装备的数字化智能化水平。2022年5月，工业和信息化部会同国家发展和改革委员会、科学技术部、财政部、人力资源和社会保障部、中国人民银行、国务院国资委、国家市场监督管理总局、银保监会（现为国家金融监督管理总局，下同）、全国工商联、国家知识产权局共同印发《关于开展"携手行动"促进大中小企业融通创新（2022—2025年）的通知》，要求开展智能制造试点示范行动，遴选一批智能制造示范工厂和典型场景，促进提升产业链整体智能化水平；深入实施中小企业数字化赋能专项行动，开展智能制造进园区活动。2022年9月，工业和信息化部、国家发展和改革委员会、财政部、国家市场监督管理总局联合开展2022年度智能制造试点示范行动，遴选一批智能制造优秀场景，以揭榜挂帅方式建设一批智能制造示范工厂，树立一批各行业、各领域的排头兵，推进智能制造高质量发展。2022年11月，工业和信息化部发布《石化行业智能制造标准体系建设指南（2022版）》，指出要切实发挥好标准对石化行业智能制造发展的支撑和引领作用，规范和引导石化行业向数字化、网络化、智能化发展。

在地方政策方面，上海、山东、四川等省市政府积极响应中央政府智能制造相关国家政策，出台了一系列智能制造推进政策和配套措施，大力推动智能制造产业高质量发展。2022 年 1 月，河北省印发《河北省制造业高质量发展"十四五"规划》，提出在规模以上工业企业持续开展两化融合整体性评估和智能制造成熟度评估。2022 年 4 月，山东省印发《关于组织开展智能制造评估评价工作的通知》，提出通过"智能制造评估评价公共服务平台山东省分平台"开展智能制造评估评价。2022 年 4 月，厦门市火炬高新区发布《厦门火炬高新区关于推动高质量发展的若干措施》，鼓励企业开展国家智能制造能力成熟度模型评估，打造一批具有柔性、智能、精细化生产能力的示范工厂。2022 年 9 月，上海市组织开展智能制造成熟度评估评价工作，摸清上海市智能制造发展水平，推动上海企业数智化升级。2022 年 9 月，四川省推进数字经济发展领导小组办公室印发《四川省数字经济典型应用场景"十百千"工程实施方案》，旨在培育综合展现四川特色和重要创新成果的"10+"应用场景，壮大"100+"具有高成长性的重点企业，推广"1000+"典型应用和试点示范项目，推动四川数字化转型提势提速提质。2022 年 9 月，贵州省印发《支持工业领域数字化转型的若干政策措施》，支持龙头企业打造智能工厂、灯塔工厂，支持工业企业按照智能制造国家标准打造数字产线、无人车间、智能工厂、灯塔工厂。

2. 技术创新情况

2022 年，我国智能制造在智能工厂、智能生产线、智能车间、机器人等方面的技术创新成果显著，实现了复杂电子组件智能微组装生产线、原子力显微镜（Atomic Force Microscope，AFM）与扫描电子显微镜纳米操作机器人系统等关键核心技术突破。

在智能工厂方面，蜂巢能源成功研发新能源动力电池 AI 智能工厂，构建了新能源行业智能制造应用示范样板，对于促进行业智能制造标准研制、新技术试验验证、智能装备大规模推广，以及促进我国动力电池企业核心制造能力提升具有重要意义。

在智能生产线方面，中国航天科工集团第二研究院二十三所成功研发复杂电子组件智能微组装生产线，在确保产能不变的情况下，能够实现人员减少 50% 以上，生产效率提升 30% 以上，产品不合格率降低 50% 以上，交付周期缩短 20%，将生产模式从传统劳动密集型加速转向数字化智能化方向。

在智能车间方面，中联重科成功研发大型柔性智能备料车间，共建成 15 条智能生产线，含 1 条无人化"黑灯"产线，突破了动态平衡的需求排产、超级排料人工智能算法、高精度智能切割，以及搬运机器人多任务群体协同等 21 项关键技术，在行业内首次实现了从钢板来料到成品交付的全流程智能制造。

在机器人方面，苏州大学机电工程学院孙立宁教授带领团队成功研制微纳操作机器人系统，满足纳米器件的制造与检测、纳米材料的表征与评价等重大科学技术需求，突破微纳制造中三维组装、纳米互连、原位检测关键技术，为微纳制造与生命科学提供了技术与装备支持。

（二）海洋工程装备

近年来，我国大力投资海洋工程装备这一战略性新兴产业，推动其在技术研发与基础设施建设上迅猛发展，现已形成覆盖产品设计、原材料、配套部件等上游环节，钻井装备制造、生产装备制造、辅助船舶装备制造等中游环节，以及海洋资源勘探、开发、利用等下游环节的较为完备的产业链，产业集群在长三角地区、环渤海地区及珠三角地区等地区飞速发展，培育了一批具备核心竞争力的龙头企业，如中国船舶、中集集团、振华重工、巨力索具等。但是，我国海洋工程装备产业在装备研发设计和关键设备制造等方面仍旧过于依赖欧美，在高端海洋工程装备模块制造与总装方面落后于韩国和新加坡等亚洲国家，更多集中在浅水装备制造方面，近年来开始向深海装备制造领域进军。

1. 政策发布情况

在国家政策方面，从"十一五"规划到"十四五"规划，我国始终重点发展海洋工程装备这一战略性新兴产业，有针对性地出台了一系列国家政策，持续推动海洋工程装备产业基础的不断完善与关键核心技术长期攻关。2022 年 2 月，工业和信息化部、国家发展和改革委员会及生态环境部共同发布《关于促进钢铁工业高质量发展的指导意见》，要求大幅提升钢铁供给质量，在船舶与海洋工程装备等领域推进质量分级分类评价，持续提高产品实物质量的稳定性和一致性。

在地方政策方面，山东、江苏、辽宁等省市政府积极响应中央政府海洋工程装备相关国家政策，出台了一系列海洋工程装备推进政策和配套措施，大力推动海洋工程装备产业高质量发展。2022 年 1 月，辽宁省印发《辽宁省"十四五"海洋经济发展规划》，要求推动高技术船舶及海洋工程装备向深远海、极地海域发展，实现主力装备结构升级，突破重点新型装备，提升设计能力和配套系统水平，形成覆盖科研开发、总装建造、设备供应、技术服务的完整产业体系，培育形成具有国际竞争力的船舶与海洋工程装备产业集群。2022 年 1 月，河北省印发《河北省海洋经济发展"十四五"规划》，要求发展港口物流、海洋化工、海水淡化及浓海水综合利用、海洋工程装备制造等产业，打造全国重要的海洋工程装备制造业基地。2022 年 3 月，江苏省工业和信息化厅印发《江苏省"十四五"船舶与海洋工程装备产业发展规划》，要求进一步加快江苏省船舶与海洋工程装备产业转型升级步伐，到 2025 年，江苏省船舶与海洋工程装备占据国内市场超40%的份额，力争占据国际市场约 18%的份额，率先建成世界级船舶海工先进制造业集群，打造一批船舶海工装备高质量发展示范区，成为船舶与海工装备制造第一强省。2022 年 3 月，山东省工业和信息化厅印发《山东省船舶与海洋工程装备产业发展"十四五"规划》，要求重点发展海洋能源装备：提升深水半潜式钻井/生产平台、极地冰区平台、液化天然气浮式生产储卸装置、浮式生产储卸油装置、水下油气生产系统等成套装备的设计建造能力；大力发展海上风电装备、海洋可再生能源装备、海水淡化综合利用平台等。

2. 技术创新情况

2022 年，我国海洋工程装备产业在深海连接器、海洋采油设备、海洋管汇系统、海洋管道工程等方面的技术创新成果显著，实现了深海高压密封与自主对接技术、油气开发水下生产技术、海上油气工程安装技术等关键核心技术突破。

在深海连接器方面，哈尔滨工程大学与中国海洋石油集团有限公司下属海洋石油工程股份有限公司联合研制的国内首台深海水平式卡箍连接器，在深海高压密封和自主对接技术上取得突破，各项指标均达到国际同等水平，已通过挪威船级社认证，是我国海洋工程装备国产化技术的又一重大突破，实现了核心技术自主可控。

在海洋采油设备方面，威飞海洋装备制造有限公司与中国海洋石油集团有限公司联合研制的浅水水下采油树系统在锦州 31-1 气田成功完成水下安装，首套国产化浅水水下采油树已进入实际的工程实施阶段，打破了中国海洋油气开发水下生产技术装备完全依赖海外进口的困境，为国家渤海区域油气增产开发安全提供了有力保障。

在海洋管汇系统方面，我国自主设计、建造和调试的首套深水水下多功能管汇系统，在海洋石油工程股份有限公司天津临港特种装备制造场地正式交付，标志着我国海洋油气水下生产装备自主研发、设计、制造和测试技术取得重大突破。

在海洋管道工程方面，中国石油天然气集团有限公司攻克了海上单点系泊装置水下毫米级对接技术，运用我国自主研发的多功能模块化海床挖沟机，首次采用了独创的海上扩孔及拖管工艺，完成了孟加拉国首条海洋管道工程100多千米的管道铺设，创造了海陆定向钻穿越和航道后深挖沟两项世界纪录，标志着我国企业在大规模海管铺设、海陆定向钻穿越、单点系泊系统安装等成套业务领域的关键核心技术和安装能力达到世界先进水平。

（三）机械制造

机械制造业一直是我国的国民经济支柱产业，现已形成涵盖20个种类、109组、450种机型、1090个系列、上万个型号的完整的机械制造业体系。我国已经成为国际机械制造产品类别、品种最齐全的国家之一，市场销售量与销售额也已经成为世界第一。国家统计局数据显示，截止到2022年年末，我国机械工业共有规模以上企业11.1万家，较上年增加1.2万家，占全国规模以上工业企业数量的24.7%；我国机械工业增加值同比增长4%，高于全国工业增加值增速0.4%，高于制造业增加值增速1%；我国机械工业累计实现营业收入28.9万亿元，同比增长9.6%，实现利润总额1.8万亿元，同比增长12.1%；机械行业创新体系建设加快推进，挂牌运行和批准建设的机械工业重点实验室、工程研究中心和创新中心共计253家。同时，自从我国进入高质量发展阶段以来，在新一轮科技革命与产业变革突飞猛进的大背景下，我国制定了多项产业规划与产业政策，通过智慧工厂示范应用、两化融合试点示范等方式，大力推动机械制造业数字化、智能化转型升级，力争到2025年使我国从制造大国迈入制造强国行列。

1. 政策发布情况

在国家政策方面，我国于2022年出台了一系列鼓励政策，以促进机械制造行业更快、更好地发展，加快实现经济高质量发展。2022年7月，国家发展和改革委员会等部门发布《关于新时代推进品牌建设的指导意见》，要求引导装备制造业加快提质升级，推动产品供给向"产品+服务"转型，在轨道交通、电力、船舶及海洋工程、工程机械、医疗器械、特种设备等装备领域，培育一批科研开发与技术创新能力强、质量管理优秀的系统集成方案领军品牌和智能制造、服务型制造标杆品牌。2022 年 11 月，工业和信息化部、国家发展和改革委员会、国务院国资委联合印发《关于巩固回升向好趋势加力振作工业经济的通知》，要求实施重大技术装备创新发展工程，做优做强信息通信设备、先进轨道交通装备、工程机械、电力装备、船舶等优势产业，促进数控机床、通用航空及新能源飞行器、海洋工程装备、高端医疗器械、邮轮游艇装备等产业创新发展。2022 年 12 月，国家发展和改革委员会印发《"十四五"扩大内需战略实施方案》，要求加快传统制造业转型升级，推动船舶与海洋工程装备、先进轨道交通装备、先进电力装备、工程机械、高端数控机床、医药及医疗设备等产业创新发展。

在地方政策方面，浙江、安徽、江苏等省市政府积极响应机械制造相关国家政策，出台了一系列机械制造推进政策和配套措施，大力推动机械制造产业高质量发展。2021 年 12 月，浙江省人民政府发布《浙江省实施科技强农机械强农行动大力提升农业生产效率行动计划（2021—2025 年）》，要求实施机械强农行动，建立先进适用农机具需求清单，加快补齐重点领域农机研制使用短板，分产业推广先进机械装备，培育壮大先进适用农机具产业集群。2022 年 5 月，安徽省农业农村厅发布《安徽省"十四五"农业机械化发展规划》，要求加快实施全程全面机械化推进行动，加快推动农业机械化产业链发展，积极提升农业机械化管理服务能力。2022 年 6 月，江苏省印发《江苏省在用非道路工程机械（2022—2025）污染防治技术指南（修订版）》，要求对在用非道路工程机械的排放进行治理改造，加强对非道路工程机械的噪声控制。

2. 技术创新情况

2022 年，我国机械制造产业在智能焦炉设备、重型燃气轮机、农业收割机、风电机械等方面的技术创新成果显著，实现了智能焦炉设备制造技术、重型燃气轮机制造技术、智能化高端收获机械制造技术，以及高端大容量风电机组制造技术等关键核心技术突破。

在智能焦炉设备方面，太重集团设计研发的国内首台"一键炼焦"7.3m 智能焦炉设备投入运行，填补了我国在大型焦炉设备绿色化、智能化领域的空白。

在重型燃气轮机方面，东方电气集团自主研发的首台国产 F 级 50 兆瓦重型燃气轮机，在华电清远华侨工业园天然气分布式能源站点火成功，标志着我国在重型燃气轮机领域实现从无到有的突破。

在农业收割机方面，中国一拖集团有限公司成功自主研发东方红 YT6668 大型高效谷物联合收割机，该收割机是喂入量达到 15 千克以上的智能化高端收获机械，打破了国外产品在该领域的垄断。

在风电机械方面，中国长江三峡集团有限公司与新疆金风科技股份有限公司联合研制的全球单机容量最大、叶轮直径最大、单位兆瓦重量最轻的 16 兆瓦海上风电机组在福建三峡海上风电国际产业园下线，标志着我国海上风电大容量机组在高端装备制造能力上实现重要突破，达到国际领先水平。

二、重要数据

（一）研发投入情况

研发投入情况反映了一个行业对科技创新活动的重视程度和支持力度。本部分采用《中国科技统计年鉴 2022》的可靠数据，选取企业 R&D 人员数、经费支出、企业办研发机构数等关键指标，聚焦装备制造行业规模以上工业企业，综合展示 2021 年我国装备制造行业在科技创新重视程度与支持力度方面的总体情况（见表 5-1）。

表 5-1 2021 年装备制造行业规模以上工业企业 R&D 人员数、经费支出及企业办研发机构情况

行业	企业 R&D 人员数/人	经费支出/万元		企业办研发机构数/个
		内部支出	外部支出	
通用设备制造业	410933	11190808	349561	10985
专用设备制造业	364242	10354332	322215	9604
汽车制造业	376354	14146421	1772893	5594
铁路、船舶、航空航天和其他运输设备制造业	163886	6202086	957093	1924
电气机械和器材制造业	532992	18181397	499514	12829
计算机、通信和其他电子设备制造业	955266	35777882	4961847	12700
仪器仪表制造业	532992	3132725	208197	591

数据来源：《中国科技统计年鉴 2022》，2022 年 12 月。

（二）知识产权情况

专利情况反映了一个行业的科技创新能力。本部分采用《中国科技统计年鉴 2022》的可靠数据，选取专利申请数、发明专利申请数、有效发明专利数等关键指标，聚焦装备制造行业规模以上工业企业，综合展示 2021 年我国装备制造行业在科技创新能力方面的总体情况（见表 5-2）。

表 5-2　2021 年装备制造行业规模以上工业企业专利情况

行业	专利申请数/件	发明专利申请数/件	有效发明专利数/件
通用设备制造业	124056	32858	128191
专用设备制造业	130523	39820	140623
汽车制造业	86386	26988	80855
铁路、船舶、航空航天和其他运输设备制造业	36498	15418	49771
电气机械和器材制造业	198905	63870	191831
计算机、通信和其他电子设备制造业	254906	138888	496094
仪器仪表制造业	42912	14266	43744

数据来源：《中国科技统计年鉴 2022》，2022 年 12 月。

（三）新产品情况

新产品情况反映了一个行业的创新活力与市场活力。本部分采用《中国科技统计年鉴 2022》的可靠数据，选取新产品开发项目数、新产品开发经费支出、新产品销售收入、新产品出口收入等关键指标，聚焦装备制造行业规模以上工业企业，综合展示 2021 年我国装备制造行业在创新活力与市场活力方面的总体情况（见表 5-3）。

表 5-3　2021 年装备制造行业规模以上工业企业新产品开发及销售情况

行业	新产品开发项目数/项	新产品开发经费支出/万元	新产品销售收入/万元	新产品出口收入/万元
通用设备制造业	93674	14055874	164759430	21720613

续表

行业	新产品开发项目数/项	新产品开发经费支出/万元	新产品销售收入/万元	新产品出口收入/万元
专用设备制造业	86378	13391215	128698722	17062692
汽车制造业	56202	18776516	309680388	16128483
铁路、船舶、航空航天和其他运输设备制造业	22181	7111180	77435317	13700137
电气机械和器材制造业	103969	23102002	351529967	69944082
计算机、通信和其他电子设备制造业	109234	48592085	576519411	250387160
仪器仪表制造业	29862	4436471	33194083	4270295

数据来源:《中国科技统计年鉴2022》,2022年12月。

第二节 主要问题

一、关键核心技术有待突破

近年来,在我国一系列政策的正确引导与大力支持下,我国装备行业获得了突飞猛进的发展,智能制造、海洋工程装备等细分领域内的部分关键核心技术已达到世界领先水平,但在整体发展层面上,高端产品和关键零部件仍旧面临外部制约问题。装备行业在生产制造环节、检验检测环节等关键环节必需的专用生产设备、专用生产线及专用检测系统等存在自主技术缺失问题,严重依赖国外进口,且短期内较难实现国产化替代。例如,专用生产设备上的冷、温锻造压力机主要依赖国外进口,专用生产线上的高档数控机床、机器人、航空航天装备等在核心零部件上严重依赖美、日、韩等国家,专用检测系统上的汽油高压油泵总成性能测试试验台、汽油高压油泵总成性能测试试验台、汽油喷油器总成性能测试试验台严重依赖进口。

二、协同创新机制有待完善

随着新一轮科技革命与产业变革突飞猛进,再加上产业链安全稳定的重要性不断凸显,推动 5G、大数据、人工智能等新一代信息技术加快赋能传统装备行业转型升级,加强产业链、创新链高效融合发展已成为实现产业链高质量发展的必然选择。然而，我国装备行业仍存在产业链上下游联动缺失、政产学研用金合作不畅等问题。在产业链上下游联动方面，我国装备行业还未充分发挥龙头企业在技术创新上的带动作用，大量中小企业缺乏创新积极性、创新方向及创新资源，整体未建立完善的产业链上下游协同创新机制。在政产学研用金合作方面，我国装备行业还未有效链接政府、企业、高校、科研机构、金融机构等，协同创新还面临较为严重的壁垒问题。

三、高端人才供给有待加强

当下，加快突破重点领域关键核心技术，推动我国装备行业迈向全球产业链中高端已成为我国经济发展与产业链自主可控的必然要求。而高端人才作为产业创新的活力源泉，现已成为我国装备行业提质升级的要素。随着我国装备行业对高端人才的需求量日益增大，装备行业高端人才供给不足问题日益突出。一方面，我国装备行业高技术人才培养体系尚不健全，在对高端装备制造技术领域、数字化智能化转型领域等培养力度不足，在产教融合、校企合作等人才培育模式创新上仍有待拓展。另一方面，我国装备行业对海外高端人才引进力度不够，在海外人才引进的管理体制机制、渠道平台建设、创新创业政策等方面不够专业和系统，在家庭落户、子女上学、医疗保障等软环境上支撑力度不足。

第三节　对策建议

一、加快关键核心技术攻关

聚焦我国装备行业高档数控机床、海洋工程装备、工业机器人及航空航天发动机等重点领域，绘制产业发展路线图谱，制定关键核心技术攻关与重大短板装备研发目录，实施"揭榜挂帅""挂图作战"等科技创新制度；培育装备行业具备较高技术创新水平的科技领军企业，发挥企业科技创新主体作用；建立健全多元化、多层次、多渠道的科研投入体系，优化配置全国范围内的创新资源，加大对重点领域的科研投入力度。

二、完善产业链协同创新机制

加快推进装备行业重点领域产业链梳理，实施产业链链主制度，鼓励链主企业、龙头企业建设制造业创新中心、产业创新联盟等创新平台，通过国家重大技术改造升级工程、重大科研攻关项目等，集中国家优质创新资源，引领带动中小企业开展技术创新和数字化转型。鼓励地方政府发挥牵头引领作用，围绕装备行业重点产业需求，依托创新成果引导产业科技创新，强化企业创新主体地位，促进政产学研用金多界构建协同创新机制，打破传统体制机制壁垒，加快实施协同创新试点示范工程，真正实现围绕产业链部署创新链，围绕创新链布局产业链。

三、打造高端人才聚集高地

聚焦装备行业智能制造、海洋工程装备、机械制造等重点领域，围绕产业重大需求，追踪识别国际技术发展路线，有针对性地在高校等构建专业学科教育体系，同时强化新一代信息技术与装备行业的学科交叉融合教育，促进产教融合、校企合作等教育模式创新，培育既懂传统装备行业专业知识，又懂数字化智能化转型专业知识，真正能将理论结合实践的复合型人才。根据装备行业国家战略需求、企业发展需求、实际岗位需求等，制定海外人才引进规划，建立健全海外人才引进管理体制机制，规范人才引进流程，清晰明确地开展海外人才引进工作；通过建设海外招聘站、海外招聘线上平台、海外招聘宣讲会等方式，不断创新拓展海外人才引进渠道；加强海外人才引进相关待遇福利政策支持，建立海外人才"一站式"服务机制，在创业就业、医疗保障、子女上学等方面强化保障，营造优质的人才发展软环境。

第六章

新材料行业

当前，新一轮科技革命和产业变革加速演进，新材料行业技术创新成果不断涌现，该领域已成为全球经济与科技竞争的前沿领域，各国正加速推进新材料行业技术研发，抢占行业竞争制高点。近年来，我国在新材料行业取得了长足进步，支持政策相继出台，研发投入稳步提升，创新平台和创新体系逐步完善，一批掌握核心技术的龙头企业和领军人才不断成长，创新成果加速涌现，行业技术创新水平显著提高。但同时，我国新材料行业技术创新仍面临一系列阻碍。我国新材料行业起步晚、基础薄弱，整体创新能力不强，特别是关键核心技术和专业装备水平不高，前沿材料技术研发能力不足，关键材料保障能力不够，部分产品可靠性和稳定性不好，以及高层次领军人才不足等，这些问题已成为阻碍行业发展壮大的瓶颈。

第一节　总体情况

近年来，我国新材料行业技术创新能力持续提升，创新人才培养和评价制度不断完善，面向新材料行业的创新平台建设和运营成效明显，重大技术研发和技术成果转化工作有序推进。特别是近年来建设的 18 个生产应用示范平台、13 个测试评价平台和 1 个资源共享平台，对于推动关键共性技术研发、关键材料创新成果到生产应用和行业产品验证起到了重要作用[1]。目前，新材料在国防科技、重大海空装备、电子信息、医疗健康、节能环保、能源存输等领域得到应用，有效支撑了我国众多重大项目顺利推进，推动了各行业的

---

[1] 工业和信息化部：工业和信息化部组织召开国家新材料重点平台工作会，2023 年 3 月 24 日。

技术创新进程。

随着新型能源、电子信息、航空航天及生物医药等行业的快速发展，这些行业对各类新型材料的需求进一步扩大，加速了我国新材料行业技术创新及产业化应用步伐。2022 年，我国新材料行业技术创新取得重大进展，在关键新材料领域突破了一批关键核心技术和行业共性技术，在金属材料、合金材料、高分子材料、先进复合材料、储能材料和光伏材料等领域均涌现出一批技术创新成果，支撑了一批重大工程和关键项目建设，"跟跑"国际先进水平的速度正在提高，在部分细分领域实现与发达国家的"并跑"甚至"领跑"。2023 年 1月，前瞻经济学人发布了"2022 年化工与新材料产业十大关键词"，其中涉及我国新材料领域多项技术创新成果，包括碳纤维复合材料、聚乙醇酸（PGA）可降解材料、第三代半导体材料、多功能水凝胶、3D 打印材料等，具体如表 6-1 所示。与此同时，我国新材料行业技术创新能力提升仍面临一定困难，如技术标准体系不够完善、高质量专利明显不足、高端创新人才匮乏、高性能产品研发投入不足，以及技术成果转化渠道不畅等，限制了我国新材料行业技术水平提升。

表 6-1 "2022 年化工与新材料产业十大关键词"中部分技术创新成果

序号	成果名称	成果介绍
1	碳纤维复合材料	2022 年 12 月，我国快舟十一号固体运载火箭发射任务取得圆满成功，该型运载火箭全箭采用重量小、强度高、耐化学腐蚀和耐候性好的碳纤维复合材料，大大减轻了火箭重量，提高了火箭对太空极端环境的适应能力
2	聚乙醇酸可降解材料	2022 年 9 月，国家能源集团具有自主知识产权的榆林化工 5 万吨/年聚乙醇酸可降解材料示范项目建成投产，成为全球首套实现工业化生产的万吨级煤制聚乙醇酸可降解材料项目，产出的可降解材料可替代一次性塑料制品，在土壤、海水等环境中可无害降解

续表

序号	成果名称	成果介绍
3	第三代半导体材料	2022 年 12 月，中国电子科技集团第四十八研究所第三代半导体装备研发取得重大突破，牵头申报的"大尺寸超高真空分子束外延技术与装备"项目，获得科学技术部"高性能制造技术与重大装备"重点专项立项
4	多功能水凝胶	2022 年 10 月，四川大学华西医院研究团队基于光触发共价键、动态共价键和氢键的复合交联策略，成功开发了一种组织黏附性优异的多功能天然多糖基水凝胶，可用于复杂创面的紧急处理，能对脏器损伤进行快速止血，且可通过抗菌、抗氧化和促进血管再生等多机理协同促使感染创面修复
5	3D 打印材料	2022 年 12 月，哈尔滨工业大学重庆研究院杨治华团队在先进陶瓷及其智能制造技术方面取得重大突破，攻克了结构功能一体化陶瓷及其器件制备核心技术，特别是陶瓷 3D 打印定制化关键技术，可以对不同器件和需求进行规模化加工生产

资料来源：前瞻网，赛迪智库整理，2023 年 5 月。

一、技术创新政策发布情况

我国支持新材料领域技术创新的政策相继发布，技术创新环境不断优化。在 2021 年的最后一个月，工业和信息化部等部门发布了《"十四五"原材料工业发展规划》，提出新材料领域行业创新能力提升的发展目标、重点任务及部分关键基础材料、前沿材料等领域的技术创新方向。为做好重点新材料首批次应用保险补偿试点工作，工业和信息化部发布《重点新材料首批次应用示范指导目录（2021 年版）》，包括先进基础材料、关键战略材料、前沿新材料这三大类共 304 种。这两项政策为 2022 年新材料行业技术创新提供了指导和支撑。

在国家级政策方面，2022 年 1 月，为鼓励新材料领域技术创新及产业化应用，工业和信息化部办公厅和银保监会办公厅联合印发了《关于开展 2021 年度重点新材料首批次应用保险补偿机制试点工作的通知》，规定符合首批次保险补偿工作相关要求的企业，可提出保费补贴申请。2022 年 3 月，国家市场监督管理总局与工业和信息化部印发了《关于推进国家级质量标准实验室建设的指导意见》，提出到 2025 年，力争在新材料、生物医药等重点领域建设若干国家级质量标准实验室，开展质量共性技术研究，解决技术、质量、标准协同等关键问题。2022 年 4 月，工业和信息化部等部门印发了《关于"十四五"推动石化化工行业高质量发展的指导意见》，提出优化整合行业相关研发平台，创建行业高端创新中心，强化国家新材料生产应用示范、测试评价、试验检测等平台作用，推进催化材料、过程强化、高分子材料结构表征及加工应用技术与装备等共性技术创新。2022 年 9 月，工业和信息化部等四部门联合印发了《原材料工业"三品"实施方案》，提出完善国家新材料测试评价等公共服务平台，突破一批基础性、公益性和行业共性技术瓶颈等内容。

在省级政策方面，2022 年 1 月，广西壮族自治区发布《广西新材料产业倍增发展实施方案》，提出围绕新能源电池材料、稀土新材料、新型合金材料、石墨烯新材料等的多项细分领域开展技术攻关，提升产业创新能力。2022 年 2 月，陕西省发布《陕西省"十四五"新材料产业发展规划》，提出加强适合于钛及钛合金表面处理的技术和涂层材料、增材制造领域铝和镁新材料、核用锆合金、先进石化化工新材料、高性能膜材料、金属基复合材料、超导材料、石墨烯材料等研发和产业化，打造一批高端新材料产品。2022 年 4 月，浙江省新材料产业发展联席会议办公室印发了《2022 年省新材料产业发展工作要点》，提出建设全球有重要影响力的新材料产业高地和国际一流的新材料科创高地，开展关键核心技术攻关，建设高能级创新平台和促进新材料产业化、规模化应用等任务。同月，山东省发布《"十大创新" 2022 年行动计划》《"十强产业" 2022 年行动计划》《"十大扩需求" 2022 年行动计划》，其中包含"新材料产业 2022 年行动计划"，提出全面提升自主创新能力的重点任务，包括培育建设省技术创新中心、省重点实验室、新型研发机构等创新平台，加快实现关键领域核心技术突破，引导企业加快自主创新、协同创新和科创平台建设等。2022 年 6 月，云南省发布了《云南省新材料产业发展三年行动（2022—2024 年）》和《支持新材料产业发展的若干政策措施》，提出关键技术攻关行动，围绕重点领域的关键新材料技术，组织协同攻关，加快新材料研制、生产、验证及应用进程，并提供配套支持。2022 年 7 月，河南省政府办公厅印发了《加快材料产业优势再造换道领跑行动计划（2022—2025 年）》，提出要以创新驱动加快从原材料大省向新材料强省转变，明确 13 种材料、40 个重点发展方向，并提出了创新生态提升、核心关键技术、补链强链延链、重大项目建设、企业培育、融合创新应用等八项攻坚行动。2022 年 11 月，安徽省印发《支持新材料产业发展若干政策》，提出支持产业研发创新，针对部分重大研发攻关产业化项目给予资金补助，以及建立高校、科研院所等高水平创新成果跟踪对接和服务机制。2022 年 12 月，黑龙江省印发《黑龙江省新材料产业工作专班工作方案》，提出提升企业创新主体能力、开展关键核心技术攻关，以及强化创新载体建设等任务；统筹相关政策资金，支持关键技术突破；支持创新平台建设，提升产业创新能力等。

二、重点领域技术发展、创新及产业化情况

依据工业和信息化部等部门印发的《新材料产业发展指南》，新材料分为先进基础材料、关键战略材料和前沿新材料，详细行业分类如表 6-2 所示。其中，在先进基础材料领域，我国在先进钢铁材料、先进轻纺材料及部分有色金属材料领域处于较为领先的优势地位，前沿技术研发及产业化应用均达到国际先进水平；在关键战略材料领域，我国稀土功能材料、第三代半导体材料、新型显示材料及生物医用材料等技术研发快速推进，技术和应用水平大幅提升，光致抗蚀剂等部分关键材料产品相继突破，产业链体系也加速布局，但仍有部分领域难以实现技术突破和产业化应用，成为阻碍我国部分科技领域发展的障碍；在前沿新材料领域，我国正加速开展前沿技术研发和成果转化，并在石墨烯材料、3D 打印材料、智能仿生材料及极端环境材料等领域实现多项技术突破，正积极抢占前沿新材料领域未来技术竞争制高点。

表 6-2　新材料行业分类

序号	行业类别	细分行业
1	先进基础材料	基础零部件用钢、高性能海工用钢等先进钢铁材料，高强铝合金、高强韧钛合金、镁合金等先进有色金属材料，高端聚烯烃、特种合成橡胶及工程塑料等先进化工材料，先进建筑材料，先进轻纺材料等
2	关键战略材料	耐高温及耐蚀合金、高强轻型合金等高端装备用特种合金，反渗透膜、全氟离子交换膜等高性能分离膜材料，高性能碳纤维、芳纶纤维等高性能纤维及复合材料，高性能永磁、高效发光、高端催化等稀土功能材料，宽禁带半导体材料和新型显示材料，以及新型能源材料、生物医用材料等
3	前沿新材料	石墨烯、金属及高分子增材制造材料，形状记忆合金、自修复材料、智能仿生与超材料，液态金属、新型低温超导及低成本高温超导材料等

资料来源：工业和信息化部等部门印发的《新材料产业发展指南》，赛迪智库整理，2023 年 5 月。

（一）先进半导体材料

当前，全球半导体行业竞争十分激烈，各国正加速布局先进半导体技术研发及生产制造环节。半导体材料作为行业发展的重点环节、基础环节，其技术水平和创新成果成为影响半导体行业技术创新能力的重要一环。近年来，我国加快先进半导体的技术攻关，在先进半导体材料研发领域加大力度，并取得诸多重要成果，形成了较为完整的技术创新体系，部分领域的技术已接近甚至达到国际先进水平。

从半导体材料领域的专利申请情况看，据智慧芽专利数据库数据，我国以153380余项专利位列全球专利榜首，远超美国、日本等国；2022年，我国申请专利16580余项，其中广东省和江苏省远超其他省市，申请量均有2300余项，浙江省和北京市有1000余项。从研发方向看，我国在氮化镓、碳化硅、金刚石等第三代半导体材料领域的技术研发投入巨大，形成了一批技术创新成果，在集成电路光刻胶、衬底与工艺材料、高纯溅射靶材、CMP抛光材料、先进封装基板材料、晶圆制造材料、碳基半导体材料等领域实现技术突破，并在部分领域实现产业化应用——广泛用于芯片制造设备、代工制造及封装测试等领域，为芯片行业发展提供了重要支撑。从产业化情况看，我国氮化镓、碳化硅等先进半导体材料领域的技术创新成果已广泛应用于芯片、新型显示、5G通信、新型能源及消费类电子产品等领域，逐渐成为电子信息行业各领域关键元器件的重要材料基础，市场前景广阔。

（二）新型锂电材料

近年来，全球出行绿色化、汽车电动化发展加快，新能源汽车行业发展迅速，对锂电池需求飙升。我国既是新能源汽车生产和消费大国，也是锂电池生产大国，且在锂电材料技术领域占有重要地位。在我国巨大的市场需求刺激及国家政策支持下，我国锂离子电池材料技术创新加速推进，技术成果不断涌现，在多个重点领域实现了技术突破，多种材料从无到有，且性能、安全性和性价比大幅提升，也出现一批掌握核心技术的行业龙头企业和创新型企业，部分领域的技术水平已居于全球领先地位，在国际上拥有重要话语权。

从专利申请情况看，据智慧芽专利数据库数据，我国锂离子材料相关专利为 19600 余项，位居全球首位，其中 2022 年申请量为 2130 余项；广东省、江苏省、北京市、浙江省及湖南省申请量较大，国轩高科、宁德时代、中南大学及比亚迪等国内申请人的专利申请量较多。从行业细分领域看，我国在多项细分领域加快技术布局，技术创新成果显著，技术水平从低到高。在正极材料、负极材料、隔膜和电解液——锂离子电池"四大主材"领域开展技术研发，重点技术方向包括富锂锰基材料、石墨材料、硅基材料、金属锂材料、固态电解质、双氟磺酰亚锂盐、陶瓷涂覆隔膜及各类涂层材料、高比容量正负极材料等，较为成熟的技术路线包括磷酸铁锂、三元材料、石墨负极材料、六氟磷酸锂、聚烯烃隔膜材料等，我国在该技术领域的创新成果正不断支撑锂电池和新能源汽车等行业发展壮大。

（三）氢能产业关键材料

氢能是一种完全无污染、可再生的绿色能源，被看作未来最有前景的能源类型之一。全球正加速氢能技术的研发攻关和应用推广，行业技术竞争十分激烈。氢能产业链主要分为三个环节：制氢、氢储运和氢利用。氢储运和氢燃料电池仍是产业短板，未来储氢材料、氢燃料电池材料等技术突破可能为氢能产业发展带来重大机遇。目前，我国在氢能产业关键材料领域的技术创新正加速推进，重点瞄准储氢材料和氢燃料电池材料开展技术研发，同时加快顶层政策设计，指导氢能产业关键材料技术创新。2022 年 3 月，国家发展和改革委员会、国家能源局联合印发了《氢能产业发展中长期规划（2021—2035 年）》，多次提及加强氢能领域关键材料技术创新、突破材料瓶颈等。

从专利申请情况看，据智慧芽专利数据库数据，我国氢能产业关键材料相关专利申请量为 10680 余项，仅次于美国的 14310 余项，居全球第二位，其中 2022 年我国专利申请量为 900 项，为当年申请量最多的国家（北京市申请量最多，接下来是江苏省、广东省、浙江省和辽宁省）。从技术创新重点方向看，高存储密度与高安全性的储氢材料成为重点攻关方向。目前，我国在高压气态储氢领域已取得技术突破，推进成果转化和市场应用，并布局碳纤维材料、低温液态储氢材料、有机液态储氢材料和固态储氢材料的技术研发工作；同时，氢燃料电池材料也是目前的重点研发方向，超低铂或非铂催化剂等材料、超薄化质子交换膜、双极板材料等领域的技术研发持续推进。总体来看，氢能技术还不成熟，我国在氢能产业关键材料领域也仍有诸多技术有待突破，需要进一步加强行业基础研究和推进产学研协同技术攻关，为未来绿色、安全、低价、可持续的氢能源提供材料支撑。

第二节 主要问题

一、前沿领域基础研发能力仍然不足

从创新模式看，由于我国新材料行业起步较晚、基础薄弱、整体技术水平不高，曾长期依赖国外的技术，虽然近年来我国新材料行业技术创新成果显著，整体技术创新能力快速提升，但仍然难以在短期内摆脱以往的跟踪研发等模式，行业前沿技术领域的自主创新能力仍然不足，缺乏有影响力的基础研究成果和"从 0 到 1"的原始创新成果。从创新主体看，我国大多数新材料行业企业规模小，成立时间短，技术积累不足，专用设备发展滞后，研发投入水平不高，行业基础技术、共性技术研发能力有限；加之基础研究短期内难以市场化，企业对此关注度不高，研发积极性不够，致使行业基础研究能力偏弱。

二、社会资本对技术创新支持力度不够

作为新兴领域，新材料行业发展不确定性因素较多，这在一定程度上限制了社会资本对行业发展的支持力度。当前，部分新材料细分领域的技术方向、研发进程存在不确定性，技术壁垒高，投入巨大，技术研发和产业化周期长——从技术突破到商业化可能需要十数年甚至更久，加之市场需求不明晰等，致使投资风险高、周期长。如果遇到技术瓶颈或技术方向选择错误，就很可能导致前期投资"打水漂"，投资回报的性价比偏低，因而社会资本对于支持新材料领域的技术创新十分谨慎。而且，对新材料领域的投资主要集中于技术成果转化和商业化这样"前景明朗"的阶段，而对前期基础研究、技术创新和重点攻关项目的支持力度严重不足。

三、行业创新生态不完善

完善的技术创新体系是实现行业技术创新水平快速提升的关键，而我国新材料行业创新生态仍有待完善。一方面，产学研用协同创新能力不强。当前，

我国新材料领域的基础研究、技术开发、成果转移转化及市场化应用等环节结合度不高，协同创新能力不强，技术创新与实际市场需求未能完全挂钩，致使出现质量与工艺不稳定、技术标准不匹配及创新成果产业化应用困难的问题。另一方面，大中小企业融通创新水平不高。新材料产业体系庞大，市场对高、中、低档产品均有需求，各细分领域材料也十分复杂，需要大型行业龙头企业、中小企业等所有创新主体共同开展技术创新及成果转化，但目前各类企业交流合作不畅，大中小企业融通创新的生态还未形成，影响行业创新能力的进一步提升。

第三节　对策建议

一、完善行业技术创新顶层战略

新材料行业作为当前和未来国际科技与产业竞争的关键领域，需要完备的行业创新战略予以引导、支持，以破解市场资源、社会资本对新材料行业技术创新支持力度不足的难题。要立足我国新材料行业基础、发展现状与面临的突出问题，面向未来行业发展趋势，以提升行业技术创新能力、促进行业高质量发展为目标，着重提高原始创新水平，突破一批关键新材料、前瞻行业未来技术制高点，开展行业战略性研究，完善行业技术创新的顶层设计。

二、加快完善行业创新能力体系

加速构建连接基础研究、技术攻关和产业化应用的产学研用协同创新体系，凝聚新材料领域高校、科研院所和企业技术创新合力，加速科技成果转化，提升行业整体技术创新能力。支持产业链上中下游企业组建创新联盟，通过参股、搭建技术创新平台、设立科创基金等形式，开展联合技术研发及成果转化，推动产业链、创新链深度融合。完善大型科技企业牵引、中小企业深度参与的创新体系，推动大中小企业融通创新。

三、加大行业原始创新支持力度

加大对新材料领域原始创新的支持力度，设立自然科学基金、技术研发计划等，鼓励高校、科研院所和企业开展前沿领域基础研究、行业技术基础和共

性技术开发，集中突破一批基础性、前沿性创新成果。通过创新基金、财税支持、首批次采购等方式对新材料行业前沿领域研究予以支持，弥补社会资本在原始创新、技术研发阶段对新材料行业技术创新支持力度的不足，帮助相关技术跨越两个"死亡谷"。

第七章

消费品行业

近年来，我国打出了一系列稳外贸、促消费、稳人心的政策组合拳。其中，对新消费领域金融支持力度、创新流通发展、培育消费热点，以及引领消费品行业增品种、提品质、创品牌等举措备受关注。消费品行业的核心竞争力和创新能力持续增强，产品供给能力和对需求适配性稳步提升，呈现出动力强、韧性强、根基强的特点。但是，我国消费品行业仍然存在高端产品供给不足，低端产能过剩；企业研发投入不足，关键技术缺乏；品牌培育能力不足，影响力相对滞后等问题。基于此，本章提出提升产业链供应链抗风险能力，推动传统优势产业和新兴产业协同发展，持续推进数字"三品"建设三大对策建议。

第一节　总体情况

一、重点领域技术发展、创新及产业化情况

（一）纺织行业

2022 年，受国际形势动荡、市场需求收缩、物流运转冲击、消费信心减弱等因素影响，纺织行业经济运行承压前行。中国纺织工业联合会数据显示，规模以上纺织工业企业增加值同比下降 1.9%，营业收入为 52564 亿元，同比下降 0.9%。2022 年全年纺织行业景气指数持续低于荣枯线，第四季度消费信心有所恢复，较第三季度增长 2.7，回升至 47。2022 年，我国限额以上单位服装鞋帽纺织品类商品零售额同比下降 6.5%，网上穿类商品零售额同比增长 3.5%，较 2021 年增速放缓。2022 年，我国纺织品服装累计出口额为 3233 亿美元，同比增长 2.6%，创历史新高。其中，纺织品出口金额达 1480 亿美元，同比增长

2.0%，纺织面料、化纤等产业链配套产品出口是重要增长点；服装及衣物附着物出口 1754 亿美元，同比增长 3.2%。2022 年，在经济恢复基础较为薄弱的情形下，我国进一步加大企业转型升级力度：加大对数字化、绿色化、智能化改造的投入，实现转型技术重大突破；加强工业互联网运用，稳步推进高端化、智能化、绿色化发展。

1. 数字化技术促进纺织工业高质量发展

纺织工业是我国传统和重要的民生产业，当今数字经济高速发展，加快企业的数字化转型有助于改善我国传统纺织行业人工依赖性强、生产效率低、产能浪费的问题。通过数字化技术的应用，纺织企业的生产效率显著提高。替代人工的智能剪裁装备可以将一套西服两天的制作工期缩短到 40 分钟；仓库管理中，机器人及数字化管理系统大大提高了仓储清点、搬运和配送的效率。2022 年，聚酯行业建立了"PTA—聚酯—纺丝—贸易"的聚酯纤维全产业链工业互联网平台体系，实现了生产全过程的清晰化管理。数字化转型催生了一批先进的数字化工厂，也打造出苏州、无锡等高端纺织集群。

在销售端，企业通过大数据技术，记录消费者的个人信息及消费偏好并进行分析，实现对市场需求和消费趋势的预测，开展精准营销。2022 年，纺织服装行业通过对销售数据的收集，显著提升了企业的市场响应速度，以及定制化产品的开发能力（如与科研机构合作研制出抗菌、阻燃、抗皱等功能型面料及环保面料），精准把握市场，实现差异化设计。

2. 绿色化技术实现纺织工业可持续发展

纺织行业是具备时尚引领属性的行业，在纺织行业开展绿色设计、绿色生产、绿色宣传，推动纺织行业的绿色化发展，对绿色生产和生活方式有着正向引领作用。2022 年，纺织行业开展了一系列降碳行动，包括围绕"双碳"目标制定节能减排方案；促进绿色产品的生产销售，推广可重复使用产品及可降解产品；提高纺织品的循环使用率，研发各领域的回收利用技术。从总体来看，纺织行业的绿色化发展成果显著：新凤鸣、海利环入选了第四批工业产品绿色设计示范企业名单；印染行业的多家企业及产品入围 2022 年度绿色制造名单；以生物可降解材料制品为代表的生物工艺在轻纺等行业进行推广应用。

（二）家用电器行业

2022 年，受新冠疫情冲击、消费意愿降低、产业链供应链受阻等因素影响，我国家用电器行业承压增长。中国家用电器协会数据显示，2022 年我国家用电器行业实现主营业务收入 1.75 万亿元，同比增长 1.1%，增速较上年明显放缓；利润总额为 1418 亿元，同比增长 19.9%，增速明显高于同期收入增速，降本增效成果显著。中国海关统计数据显示，2022 年我国家电产品出口额回落至 854.999 亿美元，较上年下降 13.3%。全球通胀水平较高、欧洲能源危机及物流运输受阻等因素导致国际市场购买力降低。2022 年，我国家用电器行业科技水平与创新能力稳步提升，新形态家电层出不穷，传感器技术和通信技术在智能家电中广泛应用，交互式、场景化的全屋智慧场景得以实现，绿色智能家电消费稳步推进。

1. "新家电"快速普及，消费市场呈多元化趋势

2022 年，随着消费需求升级，可以提供更便捷的服务或更高品质的新形态家电在消费市场上广受欢迎。简化家务类的洗碗机、扫地机器人、洗烘一体机，健康生活类的集成灶、空气炸锅、果蔬清洁机，以及休闲娱乐类的游戏电视、智能音箱等产品满足了各年龄段消费者的需求。随着我国家电市场从增量时代进入存量时代，新产品研发和产品功能形态改良成为刺激消费的主要动力。

2022 年，"家电下乡""以旧换新""促消费"等政策活动的火热开展及物流配送效率的提高，促使我国家电市场进一步下沉，城乡家电市场差距缩小；随着我国消费者整体收入水平的提升，家电的高端化消费需求日益强烈，中高端家电产品占比进一步提高；直播带货受到消费者追捧，网购平台宣传力度加大，家电网购占比提高。多样的消费需求、产品种类、销售渠道使家电消费市场呈现多元化趋势。

2. 家电产品智能化、绿色化程度稳步提升

2022 年，我国家电产品的智能化水平进一步提升。电视、冰箱、空调等传统家电的基础功能实现了智能化升级，具备了远程操控、语音对话、数字化屏幕显示等功能。随着雷达传感器、红外线传感器、温湿度传感器的应用，智能家电可以精准捕捉用户细微的动作信息，通过 AI 技术进行分析判定，向联通的家电自动发送指令，改变过去智能家电需要主动发送指令的操作模式。

各种家用电器可以接入家庭局域网，实现互联互通。用户通过固定的控制终端便可对所有的家电产品进行操控。2022 年 10 月，连接标准联盟发布了面向智能家居互联互通的技术标准规范，通过搭建统一的应用语言，实现不同品牌及不同类型家电之间的互联互通。

2022 年，我国大力开发节能、环保、降噪的绿色家电，积极推进以旧换新和家电回收活动，有效减少碳排放。推行清洁生产，使用环保材料，培养消费者的环保意识，使家电的能效等级成为消费者购买家电产品时的重要考量指标。

（三）食品行业

2022 年，我国食品工业增长速度放缓。国家统计局发布的数据显示，2022年我国食品制造业增加值较 2021 年增长 2.3%，增速较上年减缓 5.7 个百分点；农副食品加工业增加值较 2021 年增长 0.7%；酒、饮料和精制茶制造业增加值同比增长 6.3%。2022 年，我国食品加工制造行业向着高科技、更营养、更健康、更环保的目标不断前进，食品科技创新与膳食健康是消费者关注的重点。通过人工智能、数字化、新材料等技术与传统食品行业结合，开展科学研究，重塑食品结构，运用大数据技术进行消费者需求分析，搭建食品工业在研发、采购、生产、贮存、物流等环节的数字化体系。

1. 数字化技术与可持续发展理念推动食品科技进步

数字化技术已深度融入食品研发、生产、销售的过程中。人工智能技术可以对食物成分进行分析，重塑食品结构。2022 年年底发布的"2022 中国食品科技十大进展"中，"食品生物制造中细胞工厂碳代谢流优化关键技术及应用""基于人工智能的益生乳酸菌精准筛选及产业化关键技术"等均建立在人工智能技术的使用基础上。2022 年，食品生产工厂进一步推进数字化建设，搭建智能化生产管理系统，运用消费端的管理平台收集消费者偏好，经 AI 分析，预测市场对食品风味、功能的需求。

可持续发展理念已深入食品工业的各个环节中。2022 年，工业和信息化部推动农产品深加工高质量发展，提升农产品原料附加值，避免资源浪费；开展限制食品过度包装行动，贯彻绿色发展理念，回归食品本身的口味与品质。飞鹤成功建设国内第一条自主研发的乳铁蛋白生产线，实现关键技术突破，为我国乳制品行业的可持续发展及供应链安全做出贡献。

2. 高端食品市场需求显著提升

随着人们对美好生活需求的高涨，高端食品成为消费者热衷的食品细分领域。消费者对高端乳制品的需求持续增加，婴配乳粉中的有机奶粉，使用优质奶源及富含多种营养素的液态奶，巴氏杀菌产品及低温酸奶，以及以钟薛糕为代表的"雪糕刺客"都受到了消费者的追捧。高端白酒也是食品企业重点布局的领域。无论是茅台、五粮液、汾酒等国内知名酒企业，还是洋河、双沟等中小企业，都将高端酒作为生产与销售的重点。国产高端葡萄酒与黄酒也着力布局高端市场，保证市场竞争力。此外，高端食用油也受到越来越多的消费者的青睐，橄榄油、茶籽油、核桃油等高端食用油所占的市场份额得到显著提升。

（四）医药行业

2022 年，受外部环境变化、新冠疫苗产销量较上年明显下降等因素影响，我国医药行业呈下行态势。国家统计局发布的数据显示，医药制造业增加值较上年下降 3.4%；主营业务收入 29111.4 亿元，较上年下降 1.6%；利润总额为 4288.7 亿元，较上年下降 31.8%。对于医药行业，2022 年受新冠疫情持续影响，药品生产与供给受限，医院就诊人次下降，药品消费减少；中药行业受成本增加的影响，行业利润也较上年有所减少；医疗器械及疫情防护用品的收入大幅增加，其中新冠病毒检测试剂的销售是主要增长来源。2022 年，我国医药行业创新研发依旧保持高速发展，产业结构不断完善，创新药研发速度加快，新药获批效率提高，产业数字化转型稳步推进。

1. 国产创新药研发投入持续增长，药物上市速度加快

2022 年，我国继续加大对医药行业新药研发的投入力度，国家药品监督管理局公开资料显示，我国企业首次申请新药临床试验种类 518 个，创新药提交上市申请 23 个。上市新药包含国产首个双特异性抗体药物——生物药卡度尼利单抗注射液，全球首个葡萄糖激酶激活剂药物——化学药多格列艾汀片，中药行业的重要现代化成果——淫羊藿素软胶囊。

2022 年有 6 款新冠疫苗获批紧急使用授权，包含国内首款鼻喷式新冠疫苗、全球首款吸入用新冠疫苗和 4 款重组蛋白新冠疫苗。另有国内首款拥有自主知识产权的口服小分子新冠治疗药物获附条件批准上市。

2. 产业链短板强链补链，特色产业集群区域发展优势明显

我国医药工业产品产量大、种类多、门类全、配套好，但部分原辅料、生产设备、仪器设备及包装材料对外都有较高的依存度。其中大部分短板产品在国内已拥有自主生产能力，但工艺技术水平及产品性能与国际先进水平存在一定差距。2022 年国际形势的不确定性使供应链受到冲击，经济全球化出现衰退迹象。在多变环境下，众多企业加大了对医药行业产业链短板的布局和投入，上下游企业主动协作，进行强链补链。2022 年，上游产业链从事过滤耗材、培养基等产品研发生产的企业数量增加，药用辅料及包装材料行业快速发展，国产制药设备及仪器试剂的部分产品在产品质量和性能上达到了国际先进水平。

2022 年，各地都高度重视医药产业发展，加大了人力、资金和技术投入，将医药产业列为本地区的重点发展产业，形成了一批优势产业集群。目前，我国医药工业特色产业集群主要以京津冀、长三角、粤港澳大湾区、成渝经济圈等为核心，产业链深度融合，集群优势互补，资源协同，区域协同发展。

二、质量品牌建设情况

2022 年，面对人们对美好生活需要和对消费品质量需求的不断提升，我国在消费品行业开展质量品牌的提质提速建设，深入实施消费品行业"增品种、提品质、创品牌"战略，提升消费品行业产品与服务的供给能力。2022 年，我国消费品行业在各方面催生更多优质产品，满足消费需求，促进经济发展：通过信息化和数字化技术的应用推动产品创新，实现消费升级；在各行业推行数字化改造，实现产品质量控制和品质升级；培育知名品牌和新兴品牌，挖掘传统文化，提升品牌影响力。

（一）消费品行业质量品牌建设相关政策密集出台

2022 年 4 月，工业和信息化部办公厅印发《关于做好 2022 年工业质量提升和品牌建设工作的通知》，要求推动行业质量技术创新和管理进步，促进制造业高质量发展。针对消费品行业，强调应部署开展数字"三品"行动，统筹推进数据驱动、资源汇聚、平台搭建和产业融合，加快数字化赋能增品种、提品质、创品牌，引导企业开发更多适应市场发展、满足消费升级需要的产品；

做好重点民生消费品和新冠疫苗等医疗物资保供工作，提升供给体系质量。2022 年 7 月，工业和信息化部、商务部、国家市场监督管理总局、国家药品监督管理局、国家知识产权局印发《数字化助力消费品工业"三品"行动方案（2022—2025 年）》，指导消费品行业借助数字化技术助力"增品种""提品质""创品牌"：推动产品创新升级，重塑产品开发模式，扩大绿色消费品供给；加大企业数字化改造力度，加强质量追溯体系建设，加深智慧供应链管理；打造知名品牌，培育新锐精品，塑造区域品牌优势。

在纺织行业方面，2022 年 4 月，工业和信息化部、国家发展和改革委员会发布《关于化纤工业高质量发展的指导意见》，指出要培育纤维知名品牌，拓展纤维应用领域，从原料端引领纺织价值提升，服务战略性新兴产业发展。2022 年 11 月，工业和信息化部印发《重点培育纺织服装百家品牌名单（2022 版）》，指出要培育纺织服装行业的高端品牌，促进产业高质量发展；确定 124 家品牌为重点培育对象，包括 53 家消费品牌、54 家制造品牌和 17 家区域品牌。

在轻工行业方面，2022 年 6 月，工业和信息化部、人力资源和社会保障部、生态环境部、商务部、国家市场监督管理总局联合发布了《关于推动轻工业高质量发展的指导意见》，提出要构建高质量的供给体系，支持家用电器、家具、皮革、五金制品、玩具和婴童用品等行业设计创新，健全质量管理体系，培育具有国际影响力的品牌和中国特色产品。2022 年 11 月，中国家用电器研究院发布《2021—2022 年中国家电行业品牌发展报告》和家电行业品牌评价结果，共评出空调、冰箱、洗衣机等 12 个家电品类的 80 个表现优秀的品牌。《2021—2022 年中国家电行业品牌发展报告》指出了我国家电传统品牌的品质化、年轻化、高端化趋势，品牌份额逐步向头部集中。

在食品行业方面，2022 年 8 月，国家卫生健康委员会印发《食品安全标准与监测评估"十四五"规划》，提出要落实"四个最严"（最严谨的标准，最严格的监管，最严厉的处罚，最严肃的问责），完善食品安全标准体系，提升食品安全风险监测评估工作水平，推动营养工作开展，对食物成分进行监测，实现合理膳食。2022 年 11 月，国家市场监督管理总局发布《婴幼儿配方乳粉生产许可审查细则（2022 版）》，提出要进一步保障婴配乳粉质量安全，落实企业主体责任，加强原料管控，实现全过程追溯，加强风险防控。

在医药行业方面，2022 年 1 月，工业和信息化部、国家发展和改革委员会、科学技术部、商务部、国家卫生健康委员会、应急管理部、国家医疗保障局、国家药品监督管理局、国家中医药管理局共同发布了《"十四五"医药工业发展规划》，要求提速国际化发展，让中成药"走出去"取得突破，培育一批世界知名品牌，形成一批国际化企业；提升医药重点领域产品质量，强化企业质量主体责任，确保全过程质量可追溯。

（二）消费品行业品牌建设成果显著

2023 年 6 月，在由世界品牌实验室主办的第二十届"世界品牌大会"上，2023 年《中国 500 最具价值品牌》分析报告正式发布。在 500 个上榜品牌中，食品饮料行业品牌有 83 个，占总数的 16.6%，在 25 个入选细分行业中上榜数量排第一位；轻工行业有 45 个品牌上榜，上榜数量居第二位。消费品行业总上榜品牌数量为 188 个，占总数的 37.6%（见表 7-1）。消费品行业的品牌建设工作成效显著。

表 7-1　2023 年《中国 500 最具价值品牌》消费品行业统计情况

排名	消费品行业子行业	品牌数量/个	所占百分比
1	食品饮料	83	16.6%
2	轻工业	45	9.0%
7	纺织服装	24	4.8%
11	医药	20	4.0%
12	家电	14	2.8%
24	医疗器械	2	0.4%
	总量	188	37.6%

数据来源：世界品牌实验室，2023 年 6 月。

三、重要数据

（一）研发投入情况

2021 年消费品行业各细分领域规模以上企业 R&D 投入人员数和企业 R&D 经费内部支出均保持较快增长，如表 7-2 所示。

表 7-2　2021 年消费品行业各细分领域规模以上企业 R&D 投入人员数和企业 R&D 经费内部支出

项目	行业			
	纺织工业	轻工业	食品工业	医药制造业
R&D 投入人员数/（人/年）	326328	434973	220651	224586
R&D 投入人员数同比增长	15%	6%	14%	21%
R&D 经费内部支出/万元	6194240	10495236	5705999	9424368
R&D 经费内部支出同比增长	11%	9%	9%	20%

数据来源：《中国科技统计年鉴 2022》，2022 年 12 月。

（二）知识产权情况

2021 年消费品行业各细分领域规模以上企业专利申请数量、发明专利数量、有效发明专利数量大多保持较快增长，只有轻工业发明专利数量出现负增长，如表 7-3 所示。

表 7-3　2021 年消费品行业各细分领域规模以上企业专利情况

专利项目	行业			
	纺织工业	轻工业	食品工业	医药制造业
专利申请数量/件	40302	113742	37272	31497
专利申请数量同比增长	9%	7%	17%	8%
发明专利数量/件	8258	21868	10157	15391
发明专利数量同比增长	4%	−6%	2%	5%
有效发明专利数量/件	32329	89106	40180	64511
有效发明专利数量同比增长	16%	8%	22%	14%

数据来源：《中国科技统计年鉴 2022》，2022 年 12 月。

（三）新产品情况

2021 年消费品行业各细分领域规模以上企业新产品开发项目数、新产品开发经费支出、新产品销售收入整体保持较快增长，如表 7-4 所示。

表7-4　2021年消费品行业各细分领域规模以上企业新产品开发项目数、新产品开发经费支出与新产品销售收入

项目	行业			
	纺织工业	轻工业	食品工业	医药制造业
新产品开发项目数/项	47605	98265	41823	49652
新产品开发项目数同比增长	22%	25%	21%	18%
新产品开发经费支出/万元	8275314	14490230	7561603	11286100
新产品开发经费支出同比增长	21%	22%	17%	28%
新产品销售收入/万元	114831340	190449114	93765268	110451212
新产品销售收入同比增长	26%	27%	31%	48%

数据来源:《中国科技统计年鉴2022》,2022年12月。

第二节　主要问题

一、高端产品供给不足

我国消费品市场规模大、梯次多,前景广阔,发展潜力大,但以纺织工业、食品工业为代表的消费品行业,由于进入门槛相对较低,产品同质化问题突出,导致不符合市场需求的低端产品的产能和供给过剩,行业有待整合。同时,我国消费品行业的中高端产品缺乏竞争力和影响力,比较缺乏对消费者的个性化服务,而消费者对高端品牌、"海淘"品牌等商品已形成品牌认知,在消费者收入增长和消费意愿提升的背景下,不少消费者仍然选择"海淘"。

二、企业研发投入不足

近几年,我国在消费品研发创新方面取得了很大进步,但与欧美国家相比依然存在一定差距。

一是多数企业的科技研发主要依靠经验和成果的传承,企业在技术创新方面还没充分发挥主体作用,没有设置专门的研究机构,缺乏关键共性技术研发能力,引领产业创新能力不足。

二是我国技术供给与需求的结构性矛盾突出,技术有效供给不足,供给质量不高,部分科技成果很难被直接应用于生产环节,部分技术不具备系统配套条件,具有自主知识产权的核心技术不足以成为传统产业转型升级、新兴产业

培育发展的短板和软肋。

三、品牌影响力相对较弱

我国消费品工业制造能力强但创新能力弱，以及品牌多但知名品牌少的矛盾仍存在，品种、品质、品牌还有较大的提升潜力。特别是在消费需求下降，经济发展的底层逻辑发生变化时，市场化程度高的消费品行业就有可能出现问题。另外，随着人们的收入水平不断提高，出现了消费升级和消费分级现象，部分消费者对消费品行业的产品的种类、使用体验、感性价值等提出了更高要求。而我国消费品行业产品由于种类过于单一，新产品开发力度不够，个性化产品发展进程缓慢，因此未能精准满足消费者的独特需求。

第三节 对策建议

一、提升产业链供应链抗风险能力

一是企业应当树立长远发展目标，制定长期发展规划与战略方向，扎实推进强链补链工作，形成企业核心竞争力，打造自己独特的品牌形象和价值，在消费者心中建立良好的形象与"韧性"联系。

二是政府和行业协会继续支持企业和科研机构等发起消费品产业链研究，指导行业上下游、产学研协同创新，加快推进关键核心技术攻关和成果转化，促进区域协调联动和创新要素集聚。

二、推动传统优势产业和新兴产业协同发展

一是消费品行业企业应加快转变生产方式，推进资源节约高效利用，推广资源循环利用，避免过度包装，减少和限制塑料包装的使用，并适时打造完整的农、牧、工降碳链条，将绿色低碳实践融入产业链的每个环节。

二是将巩固提升传统优势产业与培育壮大新兴产业有机结合，纵向聚焦产业，横向聚焦地域，突出主导产品和区域特色，培育一批特色产业集群和优质区域品牌。

三是鼓励企业实施品牌战略，引导企业在提升产品质量与服务品质上下功夫，推动企业将中华文化元素融入品牌建设中，打造中国精品和"百年老店"。

三、持续推进数字"三品"建设

一是加快传统消费品行业数字化改造升级,利用新一代信息技术,对产业链、供应链要素与环节进行数字化转型、升级和改造,不断提升产品质量,推动消费品行业数字化"三品"战略。

二是通过生产制造数字化、质量识别数字化、供应链数字化、仓储数字化等实现产品追溯,提升产品质量稳定性和可控性。

三是政府部门应当对食品、医药等重点行业的产品质量进行更加严格的监管与规范管理,完善质量管理和监测体系;相关行业组织协会应发挥好积极引导作用,引导企业规范生产、合法经营,不断提升产品质量。

第八章

新能源汽车行业

当前，全球新一轮科技革命和产业变革蓬勃发展，电动化、网联化、智能化成为汽车产业的发展潮流和趋势。新能源汽车融汇新能源、新材料和互联网、大数据、人工智能等多种变革性技术，对带动能源、交通、信息通信基础设施改造升级具有重要意义。近年来，世界主要汽车大国纷纷加强战略谋划、强化政策支持，跨国汽车企业加大研发投入、完善产业布局，新能源汽车已成为全球汽车产业转型发展的主要方向和促进世界经济持续增长的重要引擎。经过 30 多年的长足发展，我国新能源汽车产业已拥有了技术创新优势和规模优势，具备了参与国际产业竞争的能力。

第一节　总体情况

一、重点领域技术发展、创新及产业化情况

（一）新能源汽车整车

2022 年，我国新能源汽车经历持续爆发式增长，连续 8 年保持全球第一。中汽协数据显示，2022 年我国新能源汽车分别完成 705.8 万辆和 688.7 万辆产销，同比分别实现 96.9% 和 93.4% 的增长，达到 25.6% 的市场占有率，比上年高出 12.1 个百分点。其中纯电动汽车销量为 536.5 万辆，同比增长 81.6%。截至 2022 年 12 月 31 日，新能源汽车购车补贴正式取消。为应对财政补贴退坡，新能源汽车企业积极推出了限时保价、提升整车配置等诸多举措。基于此，新能源汽车产业的市场化进程也在加速供给端的科技创新，在电池、电控、智能技术等多个创新维度上，产品功能和性能上的迭代升级从未停歇，成为新能源

汽车企业构筑核心竞争力的不二路径。

1. 技术创新情况

我国新能源汽车自主创新龙头企业不断提升功率密度和性能，推动整车技术持续迭代升级，在动力总成技术、轻量化器件和大算力车规级计算芯片方面的研发和产业化有望取得突破。

在动力总成技术方面，我国多合一电驱动技术取得长足进步，华为、比亚迪等企业引领了多合一集成技术方向。在市场中，代表案例包括华为的七合一系统和比亚迪的八合一系统。华为七合一系统集成减速器、驱动电机、DC-DC、PDU、OBC、MCU、BCU，系统工况效率高达89%[①]。比亚迪八合一系统集成电机控制器、减速器、驱动电机、BMS、OBC、PDU、DC-DC、VCU，其整体性能较上一代功率密度提升20%，整机重量降低10%，体积降低10%，系统工况效率也达到89%。

在轻量化器件方面，碳化硅器件成为新能源汽车轻量化发展的主要技术研发和应用方向。从产业链来看，碳化硅产业链主要包括衬底材料制备、外延层生长、器件制造。衬底、外延、栅氧工艺是非常关键的三大技术领域。在碳化硅器件的成本中，衬底、外延、模块占比分别为46%、23%、20%，衬底成为影响碳化硅器件应用的核心因素。根据 Omdia 的数据，2021年碳化硅器件市场领先的竞争者包括意法半导体（37.1%）、科锐（13.7%）、英飞凌（12.5%）、罗姆（5.9%）、安森美（3.1%）、USCi（2.3%）、三菱电机（2.0%）。根据科锐的数据，碳化硅衬底市场高度垄断，主要竞争者包括科锐（62%）、II-VI（14%）、罗姆（13%）。目前，国内企业山东天岳、天科合达在推动碳化硅器件的研发和产业化。

在大算力车规级计算芯片方面，新能源电动汽车产业的高速发展为提高汽车智能化、网联化水平提供了基础和应用条件。当前，自主车规级芯片已形成面向高级驾驶辅助系统、智能座舱等功能的批量应用，单芯片算力大于100TOPS 的大算力车规级计算芯片正在开展测试试验。2022年，多款单芯片算力超过 100TOPS 的产品进入前装量产应用阶段，为高级别自动驾驶汽车进一步量产落地奠定了算力基础——目前研发该技术的有华为、地平线等企业。

---

① DC-DC：电压转化器；PDU：高压配电盒；OBC：车载充电器；MCU：电机控制器；BCU：电池控制单元；BMS：电池管理系统；VCU：整车控制器。

2. 政策发布情况

2022 年 1 月 7 日，国务院办公厅发布《推进多式联运发展优化调整运输结构工作方案（2021—2025 年）》（国办发〔2021〕54 号），提出到 2025 年，多式联运发展水平明显提升，基本形成大宗货物及集装箱中长距离运输以铁路和水路为主的发展格局，京津冀及周边地区、长三角地区、粤港澳大湾区等沿海主要港口利用疏港铁路、水路、封闭式皮带廊道、新能源汽车运输大宗货物力争达到 80%的比例。

在国家级政策之外，我国多省市面向新能源汽车行业出台了当地的政策规划，包括产业配套发展、产值的预期目标支持等方面的政策。2022 年 4 月，福建省印发《福建省新能源汽车产业发展规划（2022—2025 年）》（闽政办〔2022〕22 号），着重提出加快技术研发创新，构建新型产业生态，有序推进氢气供给体系建设，完善充（换）电基础设施建设，壮大新能源汽车全产业链，加大新能源汽车推广应用六个重点任务。2022 年 5 月，甘肃省印发《甘肃省新能源汽车产业发展实施意见》（甘工信发〔2022〕79 号），提出要以电池材料和新能源动力电池生产龙头骨干企业为主体，依托高等院校、科研院所组建电池材料和动力电池创新平台，依靠技术创新合作增强平台的创新支撑能力。

（二）动力电池

动力电池作为新能源汽车的核心零部件，2022 年也取得了高速发展的业绩。动力电池产量高速增长也预示着国内产能过剩风险急速增加，同时美国和欧盟正在加速自建动力电池产业的进程。为应对陡然升级的国内外市场竞争压力，国内动力电池企业大力提升相关技术先进性并加速推陈出新。

1. 技术创新情况

2022 年，我国动力电池领域的创新技术层出叠见，国内电池企业在钠离子电池技术和正极材料技术、能量密度技术等方面研制出了有针对性的技术解决方案，体现了越来越强劲的底层创新实力。

在能量密度技术方面，当前我国电池企业实现动力电池技术创新的主要途径是系统结构创新。通常做法是，电池企业实施电池系统结构设计创新，以减少系统零部件，从而减轻电池包重量，提高电池包体积利用率，最终实现提升系统能量密度的效果。从市场看，蜂巢能源龙鳞甲电池达到了 76%的体积利用率，孚能科技超级软包解决方案大软包电池和中创新航 One-Stop Bettery 电池都达到了 75% 的体积利用率，宁德时代麒麟电池突破了 72% 的体积利用率。通过多层技术优化，以上电池企业的创新技术采用磷酸铁锂（LFP）电池可实现超 700km 的整车续航，采用三元电池可实现超 1000km 的整车续航。

在钠离子电池技术方面，2022 年，碳酸锂价格飙升导致锂离子电池成本水涨船高，致使企业加快研制生产成本较低、原材料储量更丰富的钠离子电池。当前，钠离子电池可以达到 150Wh/kg 左右的能量密度，与锰酸锂电池、磷酸铁锂电池等接近；可以做到 3000~6000 次循环寿命，与磷酸铁锂电池不相上下，好于三元锂电池和锰酸锂电池；安全性和热稳定性与磷酸铁锂电池基本持平。目前，国内钠离子电池技术已经形成产品并接近量产。亿纬锂能、宁德时代等企业已经发布了钠离子电池产品。其中，亿纬锂能的大圆柱钠离子电池达到了 135Wh/kg 的能量密度，宁德时代发布的第一代钠离子电池达到了 160Wh/kg 的能量密度，能够实现 2500 次循环寿命和高达 90% 的 10℃下容量保持率，甚至在 -40℃ 还能正常工作。除此之外，中科海钠、欣旺达、鹏辉能源、国轩高科、派能科技等企业也在钠离子电池领域加快战略部署，推动量产进度。

在正极材料技术方面，2022 年，动力电池正极材料技术出现较大变革，磷酸锰铁锂和四元材料等接近量产。其中，四元材料结合了现阶段两大主流三元高镍材料镍钴锰酸锂与镍钴铝酸锂的优势，明显延长了材料的循环寿命，并提升了热稳定性。2022 年，容百科技、格林美、华友钴业纷纷开始量产四元材料。磷酸锰铁锂能够兼顾高能量密度与高安全性，不仅能够保留磷酸铁锂的安全性和低成本，而且具有更高的电压平台，能够把电池能量密度提高 15% 左右。2022 年，中创新航发布了高锰铁锂电池产品，宁德时代、比亚迪、国轩高科、蜂巢能源、星恒电源、瑞浦兰钧、天能股份等也都在加大对磷酸锰铁锂赛道的布局。

2. 政策发布情况

2022 年，国家为推动新能源汽车动力电池产业发展，相继发布三份重要政策文件，指导产业发展、供应链稳定，助力电池回收企业发展。2022 年 3 月，财政部、国家税务总局发布的《关于完善资源综合利用增值税政策的公告》（财政部 税务总局公告 2021 年第 40 号）正式实施，将废旧电池回收产业的退税比例从 30% 提高到了 50%，增加了对于企业的金属回收率、工业废水循环利用率等条件，引导电池回收行业规范化、标准化。2022 年 9 月，财政部、国家税务总局、工业和信息化部发布《关于延续新能源汽车免征车辆购置税政策的公告》(财政部 税务总局 工业和信息化部公告 2022 年第 27 号)，对购置日期在 2023 年 1 月 1 日至 2023 年 12 月 31 日期间内的新能源汽车，免征车辆购置税。2022 年 11 月，工业和信息化部和国家市场监督管理总局发布了《关于做好锂离子电池产业链供应链协同稳定发展工作的通知》(工信厅联电子函〔2022〕298 号)，指出国内锂电产业链供应链存在阶段性供需失衡严重，部分中间产品及材料价格剧烈波动超出正常范围，部分环节产能盲目扩张，低质低价竞争等问题。为保障锂电产业链供应链协同稳定，两部门要求各地主管部门坚持科学谋划，推动锂电产业有序布局；强化供需对接，保障产业链供应链稳定；加强监测预警，提升公共服务供给能力；加强监督检查，保证高质量锂电产品供给等。

（三）电驱动系统

新能源汽车电驱动系统包括电机、电控和减速器等核心动力元器件，能起到燃油汽车中"发动机+电控单元+变速箱"的作用。作为新能源汽车的动力总成核心部件，电驱动系统的行业规模也受新能源汽车产业发展情况的影响。2019—2022 年，我国新能源汽车销量由 121 万辆增长至 687 万辆，电驱动系统市场规模随之由 171 亿元增长至 890 亿元。随着新能源汽车产量激增，驱动电机市场潜力将会进一步释放。我国电驱动系统经过多年技术积累，已经满足新能源汽车所要求的技术水平，主要的技术攻克点仍集中在车规级 IGBT（绝缘栅双极型晶体管）。

1. 技术创新情况

IGBT 广泛应用于汽车的电动部分，以完成电能转换，是电机电控的主要组成部分，与其他功率器件一起占成本的近 41%，在新能源汽车中发挥着至关重要的作用。技术整体发展趋势是大电流、高电压、低损耗、高频率、功能集成化、高可靠性。

目前，高端 IGBT 技术和产品主要被国外企业所掌握，经过几十年的发展，IGBT 技术已经发展到了第七代，从平面穿透型到微沟槽栅–场截止型，工艺线宽、芯片面积、通态饱和压降、功率损耗和关断时间等各项指标经历了不断优化的过程，断态电压也从 600V 提高到 6500V 以上。市场上应用最广泛的是 IGBT4。全球 IGBT 市场长期被三菱、英飞凌和富士电机等海外企业所垄断，其中英飞凌占据绝对的领先地位。

在产业政策和市场需求的强大驱动下，IGBT 国产化进程加速启动。截至 2022 年，中车时代电气已研制生产 50 余种 IGBT 模块，形成了具有市场竞争力的产品；士兰微电动汽车主电机驱动模块已在国内多家企业通过测试，并已向部分客户提供批量产品。此外，我国还有宏微科技、扬杰科技等公司在进行车规级 IGBT 的研发及生产，目前还有部分国内供应商能对第四代 IGBT 进行量产。

2. 政策发布情况

2022 年 1 月，国家发展和改革委员会等部门发布了《关于进一步提升电动汽车充电基础设施服务保障能力的实施意见》（发改能源规〔2022〕53 号），扶助电网企业联合车企等产业链上下游打造新能源汽车融合创新平台，开展跨行业联合创新与技术开发，加快推动车网互动试验测试与标准化体系建设。2022 年 3 月，工业和信息化部等部门联合出台了《关于做好 2022 年享受税收优惠政策的集成电路企业或项目、软件企业清单制定工作有关要求的通知》（发改高技〔2022〕390 号），该政策旨在促进半导体及车规级 IGBT 行业加大研发力度，推动技术革新，有效促进了半导体及车规级 IGBT 行业创新发展。

为了更好地助力车规级 IGBT 高质量发展，各省市也相继出台了相关扶持政策，给予技术和资金支持。2022 年 5 月，长沙市高新区出台了《关于促进长沙高新区功率半导体及集成电路发展的若干政策》，该政策重点关注从事功率半导体及集成电路产业的各类企业和组织，给予企业政策鼓励和资金扶持，以此提升产业园区高质量发展。同年 9 月，浙江省人民政府出台了《新时期促进浙江省集成电路产业和软件产业高质量发展的若干政策》，旨在面向新能源汽车等领域，组织芯片企业和应用企业打造"芯机联动"平台，针对高端芯片设计、集成电路制造关键工艺等领域，安排重点研发计划专项资金。

二、重要数据

（一）研发投入情况

2022 年，我国新能源汽车企业密集投入研发，比亚迪的研发经费支出远高于其他企业，高达 202.23 亿元，国轩高科、蔚来汽车的研发强度均超过 20%，大幅领先于其他企业，如表 8-1 所示。

表 8-1   2022 年我国新能源汽车代表性企业研发强度列表

企业	研发经费支出/亿元	营业收入/亿元	研发强度
国轩高科	24.16	86.38	27.97%
蔚来汽车	108.4	493	21.99%
理想汽车	67.8	452.9	14.97%
亿纬锂能	22.61	363.04	6.23%
欣旺达	27.42	521.62	5.26%
比亚迪	202.23	4240.61	4.77%
宁德时代	155.1	3285.9	4.72%
小鹏汽车	12.65	268.6	4.71%
孚能科技	3.37	115.88	2.91%

数据来源：根据各企业上市年报整理，2023 年 5 月。

（二）新产品情况

2022 年，宁德时代、国轩高科等企业扎堆发布锂离子电池新产品，市场竞争十分激烈。同时，宁德时代、鹏辉能源等企业发布了钠离子电池产品，并积极推进新产品量产，如表 8-2 所示。

表 8-2   2022 年我国新能源汽车动力电池新产品列表

新产品名称	厂商	类型
麒麟电池	宁德时代	锂离子电池
半固态电池	国轩高科	锂离子电池
龙鳞甲电池	蜂巢能源	锂离子电池
新一代大圆柱电池	亿纬锂能	锂离子电池
"π"电池	亿纬锂能	锂离子电池
超快充电池 SFC480	欣旺达	锂离子电池
超级软包解决方案	孚能科技	锂离子电池
"问顶"电池	瑞浦兰钧	锂离子电池
海绵系统	捷威动力	锂离子电池
高比能磷酸铁锂电芯	捷威动力	锂离子电池

续表

新产品名称	厂商	类型
2GWh 钠离子电池	钠创新能源	钠离子电池
第一代钠离子电池	宁德时代	钠离子电池
方形及大圆柱钠电电芯	鹏辉能源	钠离子电池
第一代钠离子电池	中科海钠	钠离子电池

数据来源：根据各企业发布的信息整理，2023 年 5 月。

第二节　主要问题

一、政策体系适应性仍需调整

政策体系衔接力度仍需加强。目前，新能源汽车市场仍在高速成长，但动力电池成本下降速度缓慢，因此，新能源汽车性价比提升还有相当大的障碍。然而，我国新能源汽车补贴到款时间过长，必须通过融资运作解决问题，恰逢我国处于政策转型期，补贴政策持续降坡，新能源汽车市场激励政策的后续接替问题需要高度重视。目前，我国中央政府和地方政府直接的政策衔接还略有不足。值得一提的是，一些地方设置的地方保护目录大大压缩了消费者选择汽车的空间，不利于新能源汽车市场的创新和发展。

二、核心技术仍有待突破

与国外龙头企业相比，我国新能源汽车产业的关键核心技术有待突破。在动力电池方面，我国在高能量比电池、高安全电池、长寿命电池方面仍要加大研发力度。在电机系统方面，我国的高效高密度驱动电机系统等关键技术相较国际先进水平仍有差距。目前，电机效率达到 97% 的高品质电机主要还是由欧美等国家的供应商提供，国内大多数主机厂无法生产。在电控系统中硬件的控制器方面，中高端车型对算力和电子架构的要求比较高，我国车企的技术和国外车企的技术仍有差距。

三、充电设施严重不足，瓶颈亟待攻破

目前，我国已成为全球最大的新能源汽车市场。其中，纯电动汽车在过去几年获得了政府政策的最优惠待遇支持，并形成新能源汽车市场中最大的细分

市场。然而，能源补充不便成为目前电动汽车行业发展的最大掣肘。国家能源局公布的数据显示，截至 2023 年 2 月，我国有新能源汽车充电桩超过 520 万个，其中公共充电桩累计数量为 180 万台，私人充电桩累计数量超过 340 万台。公共充电桩布局远低于私人充电桩，总体布局数量和结构有很大的拓展空间。从地理分布看，珠三角地区、长三角地区和华东地区的充电桩网络布局比较完善，北京、广东、江苏、浙江、上海五个省市充电桩数量均超过 10 万个，而新疆、甘肃和内蒙古等西部地区的充电桩数量均不足 1 万个，地区间分布均衡性问题亟须改善。

第三节　对策建议

一、营造有利于新能源汽车发展的内外部环境

2007 年，国家发展和改革委员会发布了《新能源汽车生产准入管理规则》，指出并明确了新能源汽车的概念。2009 年，国务院提出了新能源汽车国家战略，为保护自然生态环境，避免资源的恶意开采和过度利用，在能源和环保的双重压力下，国家已经开始注重原有能源消费结构的转型和升级，提倡各行各业合理利用能源，共同保护环境。从现实角度来看，发展新能源汽车是未来人与自然和谐共生的必然趋势。而我国从 20 世纪 90 年代起就抓住历史机遇，及时制定适宜的国家政策，为我国新能源汽车行业的迅猛发展创造了条件和环境。目前，新能源汽车技术创新和产业发展又到了一个关键时期，国内市场饱和、汽车出海、电池回收利用等新的现实问题摆在眼前，需要产业政策制定者及时明确技术、市场和环保等的发展方向和发展计划，为新能源汽车保持高速发展保驾护航。

二、提升企业技术创新水平

当前新能源汽车发展的最大障碍就是技术创新能力薄弱，这也是我国整个新能源汽车产业链的瓶颈。创新能力不足严重影响了我国新能源汽车的前进脚步。目前，新能源汽车的主流领域，如混合动力汽车、燃料电池汽车等概念的提出，让人看到了新能源汽车发展和研究的曙光，但在燃料、电池生产等方面，以及行驶里程增加等问题上缺乏核心的技术，与世界先进水平存在较大差距，

还需要进一步加快研发。虽然我国也在不断地研究如何创新，但创新速度依旧缓慢，仅仅停留在改进型技术创新上。单在新能源汽车的电池研发和制造方面，就有高比能量、快速充电和高比功率，以及低成本、长寿命等突出问题需要逐一突破，这些技术瓶颈制约了新能源汽车的进一步发展。

目前，虽然我国新能源汽车的标准体系已见雏形，但针对新能源汽车的动力尚未制定和完善具体的技术标准。尽快建立各类型的新能源汽车的产业技术标准，为其大规模推广和应用提供有效的技术与产品支撑，同时对新能源汽车的技术性、节能性、环保性等做好等级认证工作，这对我国新能源汽车的产业化发展能起到一定的促进作用。

三、完善行业标准及相关配套设施

除了利用补贴政策等刺激消费者购买新能源汽车，还应对消费者加强新能源汽车基础知识的宣贯，使环保意识和科学发展等观念进一步深入人心，加速推动新能源汽车的市场成长。我国新能源汽车配套服务设施建设相对滞后，这对于新能源汽车的研制有很大的限制。新能源汽车的配套服务设施与未来新能源汽车在市场上的推广和发展息息相关，如果配套服务设施的建设不到位，就无法支撑新能源汽车整体产业系统的运转。举例来讲，新能源汽车普及仍存在牌照限制，行驶路途中燃料供给站数量不足、服务能力不够，以及专业充电站不足以支撑混合动力汽车续航等诸多突出性问题，极大地制约了新能源汽车市场发展。可见，建立完善的行业标准及建设相关的充电桩等设施是促进新能源汽车行业发展的长久之计。

第九章

未来产业

未来产业是指对人类生产生活产生重大影响，对社会经济进步具有带动作用，具有前瞻性和颠覆性特征，在引领全球经济增长、引领人类社会进步及提升国家竞争力等方面发挥着重大作用的产业。未来产业发展行在当下、赢在未来，已成为经济高质量发展的新引擎，产业创新的新赛场，发展格局重塑的新变量，深化国际合作的新切口。当前，全球主要国家持续发力布局量子信息、类脑智能、基因技术、未来网络、深海空天开发、氢能与储能等前沿科技和产业变革领域。我国整体处于世界前沿同步阶段。但与此同时，我国未来产业发展仍存在基础科学投入较少、协同创新能力欠缺，以及战略性系统布局较弱等发展问题。为此，我们提出要强化基础投入、完善创新环境、优化集群布局等对策建议。

第一节　总体情况

一、重点领域技术发展、创新及产业化情况

（一）量子信息

2022 年，我国量子信息领域具备良好的科研基础，已成为全球推动量子信息技术发展的重要力量之一。《中华人民共和国国民经济和社会发展第十四个五年规划和 2035 年远景目标纲要》和各地方规划、政策高度重视量子信息技术发展与产业培育，伴随着"科技创新 2030"重大项目、重点研发计划等科技项目，以及国家实验室、高水平研究大学等战略科技力量的落地实施，科研体系化布局和支持力度得到进一步增强。

1. 技术创新情况

（1）量子计算领域。2022 年，量子计算的各技术路线未收敛的特点愈发明显，各技术路线均有不同程度上的突破。2022 年 3 月，阿里巴巴达摩院设计并制造出两量子比特 fluxonium 量子处理器芯片，实现单量子比特操控精度超 99.97%，两量子比特 iSWAP 门操控精度最高达 99.72%，在此类量子比特中当时达到全球最佳水平。2022 年 5 月，腾讯量子实验室发布面向有噪声中等规模量子计算（NISQ）的下一代量子计算开源软件产品 Tensor Circuit。2022 年 7 月，中国科学技术大学与苏黎世瑞士联邦理工学院（ETH）合作首次实现了表面码的重复纠错。2022 年 11 月，中国科学院物理研究所展示了拥有 43 量子比特的"庄子"超导量子处理器。同月，清华大学、浙江大学展示了一款 121 量子比特超导量子处理器，并展示了非阿贝尔交换统计，刷新了中国超导量子比特数目的纪录。

（2）量子通信领域。受困于 2022 年经济增长乏力和新冠疫情的双重影响，全球量子通信与安全产业发展出现了短暂滑坡，但我国持续推进技术研发与产业政策支持。2022 年 1 月，中国科学技术大学实现 833 千米光纤量子密钥分发，将安全传输距离世界纪录提升了 200 余千米，将安全码率提升了 50～1000 倍。2022 年 4 月，中国科学技术大学、中国科学院上海量子科学研究中心利用"墨子号"量子科学实验卫星，在远距离量子态传输方面取得重要实验进展，创造了 1200 千米地表量子态传输的新纪录。2022 年 5 月，中国移动发布基于 VoLTE（Voice over Long-Term Evolution，长期演进语音承载）的量子加密通话业务，面向雄安新区等地推进商用落地使用。2022 年 7 月，中国科学院微小卫星创新研究院抓总研制的低轨道量子密钥分发试验卫星"济南一号"通过中国科学院自主研制的一型固体运载火箭"力箭一号"顺利入轨。2022 年 11 月，国科量子海南"星地一体"环岛量子网络（海口—文昌）段和文昌国际航天城量子卫星地面站完成建设并投入运营。

（3）量子精密测量领域。2022 年，量子精密测量仪器的各技术路径都有所突破，之前停留在实验室运行的仪器也逐渐开始走出实验室。叶军团队开发出的原子钟在 1 毫米的高度差上，时间相差约 1000 亿亿分之一，即 3000 亿年差 1 秒，符合广义相对论预言。2022 年 6 月，中国科学技术大学郭光灿院士团队利用非共振外差方法实现了基于里德堡原子的低频射频电场精密探测。2022 年 7 月，CPT（Coherent Population Trapping，相干布居俘获）原子磁力仪随中国科学院"力箭一号"火箭和"空间新技术试验卫星（SATech-01）"成功发射，成为我国首个应用于空间探测的国产量子磁力仪（原子磁力仪），我国实现宇航级标量磁力仪自主可控。2022 年 8 月，中国科学院微观磁共振重点实验室彭新华等利用超灵敏量子精密测量技术实现了超越标准模型的新玻色子直接搜寻，质量大于 65μeV 的轴子观测界限提升国际纪录至少 10 个数量级。

2022 年全球量子信息科技十大进展如表 9-1 所示。

表 9-1　2022 年全球量子信息科技十大进展

序号	技术名称	成果单位
1	全球最精确的原子钟	美国天体物理联合实验室（JILA）
2	量子计算纠错的里程碑	谷歌、Quantinuum
3	433 量子比特的 Osprey 芯片	国际商业机器公司（IBM）
4	提出经典算法张量网络方法，打破谷歌"量子霸权"	中国科学院理论物理研究所
5	第一个原子级量子集成电路	澳大利亚硅量子计算（SQC）、新南威尔士大学
6	创造首个超冷多原子分子	中国科学技术大学、哈佛大学
7	首个走出实验室的量子重力梯度仪	伯明翰大学
8	833 千米光纤量子密钥分发	中国科学技术大学
9	首次实现三方量子隐形传态	代尔夫特理工大学
10	首次实现拓扑时间晶体量子模拟	浙江大学、清华大学

资料来源：光子盒研究院发布，赛迪智库整理，2023 年 5 月。

2022 中国量子公司十大社会影响力事件如表 9-2 所示。

表 9-2　2022 中国量子公司十大社会影响力事件

序号	事件名称	成果单位
1	实现硅基半导体自旋量子比特超快操控	本源量子
2	专用于量子芯片生产的无损探针电学测量平台	本源量子
3	合肥量子城域网正式开通	国盾量子
4	"天工经世"量子计算量化策略平台	玻色量子
5	首套国产 ARTIQ 架构量子计算测控系统发布	启科量子
6	有自主知识产权的芯片化低温低噪声放大器	中微达信

续表

序号	事件名称	成果单位
7	空间冷原子干涉仪随"天舟五号"上行	中科酷原
8	便携式量子计算机"双子座 mini"	量旋科技
9	发布高效量子模拟开源软件 TensorCircuit	腾讯
10	自主研发的中国首台量子电流互感器	国盛量子

资料来源：光子盒研究院发布，赛迪智库整理，2023 年 5 月。

2. 政策发布情况

我国高度重视并大力支持量子信息领域的基础研究、科学实验网络建设和示范应用。2022 年 1 月，国务院印发《"十四五"数字经济发展规划》，提出要瞄准传感器、量子信息、网络通信、集成电路、关键软件、大数据、人工智能、区块链、新材料等战略性前瞻性领域，提高数字技术基础研发能力；着力提升基础软硬件、核心电子元器件、关键基础材料和生产装备的供给水平，强化关键产品自给保障能力。同月，国务院印发《计量发展规划（2021—2035 年）》，提出加强计量学基础理论和核心技术的原始创新，实施"量子度量衡"计划，重点研究基于量子效应和物理常数的量子计量技术及计量基准、标准装置小型化技术，突破量子传感和芯片级计量标准技术，形成核心器件研制能力。2022 年 12 月，中央经济工作会议明确加快量子计算研发和应用推广速度。

地方政府加紧政策落地，促进产业高速发展。2022 年 1 月，安徽省人民政府办公厅印发《安徽省"十四五"科技创新规划》，该政策 13 次提及量子，肯定了"十三五"期间"墨子号"量子科学实验卫星、"九章"量子计算原型机等重大科技成果的相继问世，并提出力争在量子信息等领域取得关键性技术突破，充分发挥量子计算、量子通信、量子精密测量研发领先优势，支持量子科技产业化发展。2022 年 9 月，上海市人民政府印发《上海打造未来产业创新高地发展壮大未来产业集群行动方案》，指出围绕量子通信、量子计算、量子精密测量，积极培育量子科技产业，攻关量子材料与器件设计、多自由度量子传感、光电声量子器件等技术，在硅光子、光通信器件、光子芯片等器件研发应用上取得突破。

（二）类脑智能

2022 年，全球类脑智能产业整体呈现蓬勃发展态势。全球类脑智能产业主要处于研究实验阶段，产业化应用水平不高，其中脑机接口初步实现产业化应用，类脑计算仍然处于研究阶段。国际市场研究机构 IMARC Groupe 数据显示，2022 年全球脑机接口市场规模达到 17.4 亿美元，预计 2027 年将达到 33 亿美元。我国脑科学和类脑智能研究虽然起步较晚，但在细分领域已初具优势，未来发展前景广阔。

1. 技术创新情况

在类脑算法和类脑芯片方面，国内以清华大学、浙江大学为代表的科研力量在该领域处于国际前沿，并前瞻布局脉冲神经网络、神经信号识别、神经疾病诊疗等热点方向，未来技术创新潜力巨大。中国科学院自动化研究所于 2022 年发布基于全脉冲神经网络的类脑认知智能引擎"智脉"（BrainCog）。智脉以多尺度神经可塑性为基本组件，同时支持类脑人工智能和脑结构功能模拟。脑模拟涵盖针对神经微环路、皮质柱，以及鼠脑、猴脑、人脑等不同物种大脑的多尺度脑结构与机制的计算模拟。

在脑机接口方面，由于研发成本过高，我国脑机接口产业链仍不够成熟，缺乏专有供应商。由于自身产业链建设不完善，因此与政府、高校、医疗机构及销售渠道的合作成为脑机接口行业发展的重要依托。2022 年 6 月，南开大学人工智能学院段峰教授团队首次在羊脑内实现介入式脑机接口，突破了血管内脑电信号采集、介入式脑电信号采集等核心技术，标志着我国在脑机接口、介入机器人研究领域达到国际先进水平。2023 年 5 月，全球首例非人灵长类动物介入式脑机接口试验在北京取得成功。试验在猴脑内实现了介入式脑机接口脑控机械臂，对推动脑科学领域研究具有重要意义，标志着我国脑机接口技术跻身国际领先行列。

科技创新 2030-"脑科学与类脑研究"重大项目 2021 年度项目申报指南中涉及类脑智能相关项目汇总如表 9-3 所示。

表 9-3　科技创新 2030-"脑科学与类脑研究"重大项目 2021 年度项目申报指南中涉及类脑智能相关项目汇总

序号	研究方向
1	新型无创脑机接口
2	柔性脑机接口
3	基于新型纳米器件的神经形态芯片

续表

序号	研究方向
4	支持在线学习的类脑芯片架构
5	基于神经可塑性的脉冲网络模型与算法
6	面向类脑芯片的深度增强学习方法
7	仿生智能无人系统
8	高可信类脑听觉前端模型与系统研究
9	面向癫痫诊疗的反应性神经调控脑机交互技术
10	面向运动和意识障碍康复的双向-闭环脑机接口
11	类脑计算与脑机接口领域青年科学家项目
12	面向类脑智能实现的脑感知认知神经网络解析

资料来源：赛迪智库整理，2023 年 5 月。

在创新主体方面，三类研发主体已成为主要力量，高校仍为推动技术创新的核心骨干。与国外主要由企业推动不同，我国类脑智能技术研发主要由高校和科研院所主导，进而逐步向产业成果转化。从主体构成来看，我国在类脑智能领域已经形成三类主要研究主体：一是以上海脑科学与类脑研究中心、北京脑科学与类脑研究中心为代表的中国脑计划南北两个中心；二是以复旦大学脑科学前沿科学中心、浙江大学脑与脑机融合前沿科学中心为代表的教育部前沿科学中心；三是国内高校和科研院所成立的各类研究机构，如北京师范大学-IDG/麦戈文脑科学研究院等。从科研实力来看，高校和科研院所是我国类脑智能领域的主要科研力量。在中国类脑智能技术专利申请量排名前 10 位的机构中，高校和科研院所占据 8 席，仅有的中科寒武纪科技股份有限公司、安徽寒武纪信息科技有限公司两家企业也是由中国科技大学成果转化创立的公司。在类脑智能领域论文发表排名前 20 位的机构中，仅有中国科学院一家科研机构，其他均为高校。

2. 政策发布情况

2022 年 4 月，国务院印发《"十四五"国民健康规划》，指出面向人民生命健康，开展卫生健康领域科技体制改革试点，启动卫生健康领域科技创新 2030-重大项目、"十四五"重点研发计划等国家科技计划，实施"脑科学与类脑研究"等重大项目，以及"常见多发病防治研究""生育健康及妇女儿童健康保障"等重点专项。2022 年 8 月，科学技术部、中共中央宣传部等印发《"十四五"国家科学技术普及发展规划》，指出面向关键核心技术攻关，聚焦国家科技发展的重点方向，强化脑科学、量子计算等战略导向基础研究领域的科普，引导科研人员从实践中提炼重大科学问题，为科学家潜心研究创造良好氛围。2022 年 10 月，工业和信息化部、教育部等印发《虚拟现实与行业应用融合发展行动计划（2022—2026 年）》，提出重点推动由内向外追踪定位技术研究，发展手势追踪、眼动追踪、表情追踪、全身动捕、沉浸声场、高精度环境理解与三维重建技术，加强肌电传感、气味模拟、虚拟移动、触觉反馈、脑机接口等多通道交互技术研究，促进感知交互向自然化、情景化、智能化方向发展。

我国类脑智能技术研发方向和布局如图 9-1 所示。

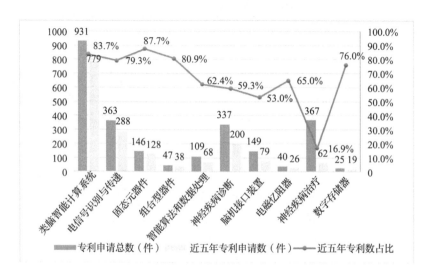

图 9-1　我国类脑智能技术研发方向和布局

（数据来源：《全球类脑智能发展态势与竞争格局及资源图景》，

成都市科学技术信息研究所，2022 年 1 月）

2022 年 1 月，安徽省印发《安徽省"十四五"科技创新规划》，提出聚焦量子科学、磁约束核聚变科学、脑科学与类脑科学、生命科学、生物育种、空天科技、材料科学等领域，力争取得若干"从 0 到 1"的重大原创性成果。2022 年 3 月，山东省人民政府印发"十大创新""十强产业""十大扩需求"2022 年行动计划，其中，《医养健康产业 2022 年行动计划》围绕重大新药创制、新型疫苗、脑科学与类脑人工智能、中医经方等领域，重点攻克一批核心关键技术。2022 年 6 月，上海市印发《上海市培育"元宇宙"新赛道行动方案（2022—

2025 年)》，提出聚焦空间计算、全息光场、五感提升、脑机接口等方向，突破人机交互瓶颈。2022 年 9 月，上海印发《上海打造未来产业创新高地发展壮大未来产业集群行动方案》，提出加速非侵入式脑机接口技术、脑机融合技术、类脑芯片技术、大脑计算神经模型等领域突破。

二、重要数据

2023 年 2 月，全球著名的前沿科技咨询机构 ICV 发布了《2022 年度全球未来产业发展指数报告》(GFII 2022)，对未来产业进行全面且系统的排名，包括国家综合排名、城市（集群）综合排名（见表 9-4）、不同产业领域里的城市（集群）排名（见表 9-5）。从各项排名看，我国均处于靠前位置。

（一）GFII 城市（集群）综合排名

表 9-4　GFII 城市（集群）综合排名

序号	城市（集群）	综合评价/分	学术研究/分	创新型企业/分
1	美国旧金山-圣何塞	93.61	88.75	98.47
2	中国北京	**90.63**	**84.38**	**96.87**
3	中国粤港澳大湾区	88.76	79.83	97.69
4	美国纽约	88.34	83.25	93.43
5	美国波士顿	86.65	89.92	83.37
6	日本东京横滨地区	83.09	81.49	84.69
7	中国上海	**82.05**	**82.43**	**81.66**
8	英国伦敦-牛津-剑桥	79.91	85.42	74.39
9	美国西雅图-塔科马-贝尔维尤	78.74	82.19	75.29
10	法国巴黎	77.28	75.62	78.94
11	韩国首尔	76.02	74.39	77.64
12	瑞士日内瓦	75.80	84.27	67.32
13	美国圣地亚哥	75.58	81.68	69.47
14	美国华盛顿-巴的摩尔	74.79	84.29	65.29
15	日本京阪神都市圈	73.91	72.49	75.33

续表

序号	城市（集群）	综合评价/分	学术研究/分	创新型企业/分
16	瑞士苏黎世	73.24	82.63	63.84
17	美国洛杉矶	72.26	76.32	68.19
18	中国合肥	**71.09**	**73.88**	**68.29**
19	新加坡	66.45	63.48	69.42
20	中国苏州-无锡-常州（苏锡常）	**65.82**	**62.37**	**69.26**

数据来源：《2022 年度全球未来产业发展指数报告》，2023 年 2 月。

（二）GFII 城市（集群）分领域排名（中国城市）

表 9-5　GFII 城市（集群）分领域排名（中国城市）

领域	入选城市（集群）1	入选城市（集群）2	入选城市（集群）3	入选城市（集群）4
量子信息	合肥（2）	粤港澳大湾区（6）	北京（4）	上海（12）
绿色能源	北京（1）	粤港澳大湾区（5）	苏锡常（18）	—
人工智能机器人	粤港澳大湾区（3）	上海（6）	北京（8）	苏锡常（19）
元宇宙	粤港澳大湾区（3）	北京（4）	杭州（7）	上海（10）
先进通信	北京（2）	苏锡常（10）	合肥（19）	—
生物医药	北京（13）	—	—	—

数据来源：《2022 年度全球未来产业发展指数报告》，2023 年 2 月。

注：括号中的内容为该城市（集群）在该领域中的全球排名。

第二节　主要问题

一、基础科学投入较少

　　发展未来产业意味着科技创新模式应由以模仿创新为主向以自主创新为主转变，但我国仍有一系列软硬件环境限制了自主创新基础能力提升，难以更好地支撑形成以自主创新为引领的产业发展格局。从总体上看，我国科技创新和工业发展尚未进入世界第一梯队，基础科学投入与国外相比仍有不足。2022

年，我国研发经费投入超过 3 万亿元，占 GDP 的比重为 2.55%。2022 年，我国的基础研究投入达到 1951 亿元，占我国研发经费投入的 6.32%，投入规模及占比呈现持续上升态势，但与发达国家普遍 15% 以上的水平相比差距仍然较大。

二、协同创新能力欠缺

一是成果转化效率不高。未来产业创新的多样性和不确定性直接导致技术路径选择较为困难，高校、科研院所等研发主体难以预判未来市场需求。具备科技成果评估、科技金融投资、知识产权保护、检验检测等专业化服务职能的高水平的专业科技中介平台和专业人才队伍匮乏，致使未来产业科技成果"青果子"难以转化为"甜果子"。

二是创新公共服务平台基础支撑能力有待提升。虽然近年来各地方更为重视创新公共服务平台建设，并取得了一定成效，但是仍然存在高水平、专业化服务平台少，服务能力不足等问题。

三是新型基础设施供给有待进一步优化。新一代信息技术与实体经济正在加速走向深度融合，5G、人工智能、物联网、工业互联网等新型基础设施的发展将激发更多新增需求。

三、战略性系统布局较弱

当前，未来产业的产业化前景尚不明朗，各地的前瞻布局集中于量子信息、类脑智能、新一代移动通信等领域，同时叠加资本的短期逐利影响，资金集中涌向为数不多的未来产业新赛道，极易导致重复布局、低效布局、恶性竞争等问题。例如，有的地方规划的目标产业多有重叠，甚至将量子信息、量子科技分别确立为发展方向，这在一定程度上加剧了一些成熟度相对较高的未来产业低水平竞争和低端化发展的倾向，致使未来产业的"利基市场"难以形成，市场机会被稀释。而对于商业化前景尚不明朗的未来产业，过度投入将加大创新失败的风险，制约技术升级和成果转化的持续性，并在与发达国家的竞争中缺乏后劲。

第三节　对策建议

一、夯实未来产业发展底座

一是加强基础研究，鼓励"从 0 到 1"的原始创新，优化政府在基础研究方面投入布局，鼓励各类企业增强基础研究、应用基础研究的研发投入。

二是加快创新平台建设，强化公共创新体系建设，鼓励建设企业工程研发中心、企业创新中心等研发平台。

三是发挥专业智库优势，强化对未来产业技术预测、战略规划与发展路径的研究；组织发布有行业影响力的年度发展报告，加强研究成果对未来产业发展的决策支撑作用。

四是加强未来产业人才引培，完善人才培养梯队。加快培养和引进国际一流人才和科研团队，加大科研体制机制改革力度，进一步下放科研机构自主权，最大限度调动科研人员的积极性。

二、构建未来产业创新培育机制

依据技术特点和产业成熟度梳理政府和市场的分工合作，推动产业创新和未来产业的孵化。

一是加快公共服务平台建设。围绕重点领域和行业的发展需求，加快建设一批专业水平高、服务能力强、产业支撑力大的产业公共服务平台，提升可靠性试验验证、计量检测、标准制修订、认证认可等服务能力。

二是加强新型基础设施建设，提升创新发展动力支撑。

三是进一步完善知识产权体系建设。培育新型科技服务业，推动科技成果转移转化交易平台、研发平台等的建设，构建"技术+模式"的双轮驱动型创新生态。

三、优化集群布局，构建未来产业梯次化发展体系

一是鼓励地方政府基于产业基础、资源禀赋研究制定产业集群建设方案，突出区域特色和发展目标，明确主要任务和推进步骤，调整完善省市级专项资金实施细则，集中有限财力滚动支持一批重大项目建设，推动产业集群发展。

二是支持开展各类先行先试。在北京、上海等地率先建设未来产业示范基

地，支持更多有条件的省市开展示范/试验应用。依托京津冀、长三角、粤港澳等地区形成城市群、中心城市、区域内自创区、高新区等创新创业高地的生态系统，并根据不同生态的特点引导未来产业发展。

三是鼓励设立产业联盟。加快培育一批未来产业标杆企业，选择一批具有明显优势的企业，通过技术创新、规模扩大和并购重组，使之成为具有国际竞争力并能引领行业发展的标杆企业。

地　方　篇

第十章

北京市工业技术创新发展状况

2022 年，北京市加速构建现代化经济体系，加紧推进国际科技创新中心和中关村世界领先科技园区建设，加快打造全球数字经济标杆城市，支撑首都经济高质量发展迈出坚实步伐。北京市以高新技术企业为主体、专精特新企业和独角兽企业为标杆的高精尖创新梯队，加速释放着北京这座城市的发展动能，2022 年高技术产业增加值占 GDP 比重达 28.4%，全市形成两个万亿级、五个千亿级高精尖产业集群，数字经济增加值占地区生产总值比重达 41.6%。

第一节　发展回顾

2022 年，北京市坚持创新在发展全局的核心位置，以服务国家科技自立自强为使命，推动高质量发展取得新成效。在动能转换方面，全年数字经济实现增加值 17330.2 亿元，按现价计算，比上年增长 4.4%，占全市地区生产总值的比重达 41.6%，比上年提高 1.2 个百分点；在结构优化方面，全年服务业增加值占全市地区生产总值的比重保持在 80.0% 以上，其中，信息传输、软件和信息技术服务业，金融业，科学研究和技术服务业增加值分别增长9.8%、6.4% 和 1.8%，占地区生产总值比重合计为 45.9%，比上年提高 2.5 个百分点[①]。

---

①　北京市统计局 国家统计局北京调查总队：《北京市 2022 年国民经济和社会发展统计公报》，2023 年 3 月 21 日。

一、技术创新发展情况

（一）总体情况

北京市全力推进国际科技创新中心建设，充分发挥科技创新对首都高质量发展的支撑作用。2022 年，北京市专利授权量达到 20.3 万件，比上年增长 2.0%。其中，发明专利授权量达到 8.8 万件，比上年增长 11.3%。年末拥有有效发明专利达到 47.8 万件，比上年增长 18.0%。PCT 国际专利申请量 11463 件，比上年增长 10.7%。每万人口高价值发明专利拥有量达到 112 件，比上年增加 17.8 件，稳居全国第一位。全年共认定登记技术合同达到 95061 项，比上年增长 1.6%；技术合同成交额达到 7947.5 亿元，比上年增长 13.4%①。2022 年，北京市在世界知识产权组织发布的"全球百强科技集群"和清华大学产业发展与环境治理研究中心联合施普林格·自然出版集团发布的《国际科技创新中心指数 2022》中均位列第三，这表明北京市已经进入全球创新型城市前列。

（二）主要做法

1. 提升原始创新能力

北京市以服务国家科技自立自强为使命，充分发挥科技和人才优势，高标准建设国家实验室、北京怀柔综合性国家科学中心、新型研发机构等重大创新载体，集中力量开展"卡脖子"关键核心技术攻关。多部门共同制定《北京市关键核心技术攻关项目"揭榜挂帅"实施方案》，提出"一办一网一平台"的组织模式和"一库三清单"的项目管理模式，实行重大科研项目"揭榜挂帅"制度。"一办一网一平台"，即由北京市推进国际科技创新中心建设办公室组织项目"揭榜挂帅"，以北京市科技项目统筹管理信息系统为载体实现"一网通办"，相关产出成果将在中关村论坛国家级平台上进行集中展示。"一库三清单"，即项目库，以及关键核心技术攻关需求清单、重大成果清单和支持创新联合体清单。

2. 强化企业科技创新主体地位

北京市政府印发《北京市关于实施"三大工程"进一步支持和服务高新技

---

① 北京市统计局 国家统计局北京调查总队：《北京市 2022 年国民经济和社会发展统计公报》，2023 年 3 月 21 日。

术企业发展的若干措施》，通过实施"筑基扩容""小升规""规升强"三大工程，支持创新要素向高新技术企业集聚，健全工作机制，来支持和服务本市高新技术企业高质量发展，构建梯次接续的高新技术企业发展格局。为了重点培育和扶持"专精特新"中小企业，相关部门出台《北京市关于促进北京市"专精特新"中小企业高质量发展的若干措施》《北京市优质中小企业梯度培育管理实施细则》等支持企业技术创新、产业链配套、品牌建设、市场开拓、上市融资等"一揽子"专属政策，推动中小企业走"专精特新"发展之路。

3. 建立良好的知识产权保护环境

多部门联合印发《北京市关于加强知识产权纠纷多元调解工作的实施意见》，明确指出完善知识产权纠纷多元调解工作体系，健全知识产权纠纷调解衔接联动机制，推进知识产权纠纷行业性专业性调解工作，加强知识产权纠纷行政调解工作等措施，打造形成组织健全、制度完善、规范高效的新时代知识产权纠纷调解工作体系。此外，加大知识产权保护力度，运用知识产权助力产业高质量发展：推动建立集成电路专利池，实现近 2.2 万件专利入池；投入 4000余万元用于支持一百余家中小微企业购买、实施专利技术；首创知识产权海外纠纷法律费用保险试点，为人工智能、数字安全等领域企业提供风险保障 4200万元。

二、质量品牌发展情况

（一）总体情况

北京市以高质量发展为主题，围绕重点地区、重点行业、重点产品，聚焦质量问题多发地带和高发领域，创新质量提升措施手段，提高监管的靶向性，有针对性地开展质量提升，全力推进质量强国首善之区建设。北京市产品质量领跑全国，制造业、农产品等多项产品合格率指标蝉联全国首位。工程质量安全生产督导检查符合率达 96.4%，居全国第一位。北京老字号企业分 10 个大类，数量已达 223 家，队伍得到进一步壮大。北京市知识产权创造、运用、保护、管理和服务工作，以及丰台区、西城区、海淀区推进质量强国建设工作等成效突出，获国务院督查激励，形成了一批"北京模式"。北京市现行有效地方标准累计达 1960 项，创历史新高，计量、认证等质量服务水平不断提升，在

2020 年、2021 年连续获得省级政府质量工作考核 A 级等次。[①]

（二）主要做法

1.　加强全面质量管理

相关部门印发《北京市工业和信息化领域 2022 年质量品牌工作计划》，明确指出通过落实企业质量主体责任，推动企业质量管理体系全面升级，完善企业质量管理方法等加强全面质量管理。多部门联合出台《进一步发挥质量基础设施支撑引领民营企业提质增效升级作用实施方案》，明确 8 个方面 35 项措施：一是激发民营企业质量创新活力，二是引导民营企业树立"质量第一"的意识，三是加强质量人才队伍建设，四是支持民营企业加强质量基础能力建设，五是提升质量基础设施服务水平，六是提升民营企业全链条质量水平，七是提升民营企业国际竞争力，八是优化民营企业发展市场环境。

2.　加大品牌引培力度

大力发展首店首发经济。通过支持建设国潮、时尚、科技等全球首发中心，推动建设消费领域产业聚集区，加快从孵化品牌到首店落地的速度，加大在京举办首发首秀活动力度，让北京市成为新品牌诞生的沃土、老品牌创新的前沿。通过市区联动、先行先试，北京市已初步建立新消费品牌孵化体系，通过紧抓科技、文化双重优势，构建品牌库、基地库、机构库、场景库、政策库这"五库"，加快推进北京市品牌培育工作。着力培育一批引领性消费品牌，在东城区、朝阳区试点设立红桥市场、郎园 Station 等 6 个各具特色的孵化基地，孵化出了观夏、ffit8、端木良锦等 50 多个新消费品牌。

3.　坚持标准示范引领

始终坚持标准示范引领，突出标准化工作在创新应用复制推广中的重要作用。实施大数据行动计划，相关部门发布《北京市大数据标准体系》，提出制修订标准 35 项，力争在 5 年内建成国际一流、国内领先的大数据标准体系；积极研究智慧城市标准体系框架，全面推进智慧城市标准体系建设工作，支撑智慧城市互联互通，防范各类技术风险，保障数字生态体系构建，提升智慧城市典型综合应用建设管理效能。持续完善高级别自动驾驶示范区标准体系建设，

---

① 北京市市场监管局：《全面建设质量强国首善之区 北京高质量发展迈向新征程》，2023 年 1 月 13 日。

支撑亦庄高级别自动驾驶示范区建设进入 3.0 阶段；发布国内首个数字人产业政策、两项数字人标准；成立国内首家数字经济标准化技术委员会。

第二节　重点领域

一、新一代信息技术产业

新一代信息技术产业是推动北京市发展的"双引擎"之一，北京市高度重视其发展。《北京市"十四五"时期高精尖产业发展规划》提出，要积极培育新一代信息技术产业成为国际引领支柱产业，力争到 2025 年实现营业收入 2.5 万亿元。

围绕新一代信息技术产业发展，2022 年，北京市科委、中关村管委会聚焦信息技术领域，主要开展了以下几项工作。

一是强化战略科技力量，组织多家新型研发机构进行原创性、引领性科技攻关，如北京微芯区块链与边缘计算研究院牵头，联合清华大学、北京航空航天大学、腾讯等单位共同开展"长安链"技术研发。

二是赋能千行百业转型升级。大力推动信息技术与制造业融合创新，加速制造业数字化转型，提升制造业核心竞争力。面向文化、金融、建筑、交通等领域，赋能、赋值、赋智作用逐渐显现，典型应用场景的软件产品和解决方案不断涌现。

三是持续释放政策红利。发布《北京市推动软件和信息服务业高质量发展的若干政策措施》，针对基础软件、工业软件、Web 3.0、数字基础设施等重点领域的人才引进、研发补助、投融资、人才落户、分档奖励等，给出了非常有价值的支持方案。

二、医药健康产业

医药健康产业是推动北京市发展的"双引擎"之一，也是北京市构建高精尖经济结构的坚实支撑。《北京市"十四五"时期高精尖产业发展规划》提出要积极培育医药健康产业成为国际引领支柱产业，力争到 2025 年医药健康产业实现营业收入 10000 亿元，其中医药制造达到 4000 亿元。

围绕医药健康产业发展，2022 年北京市主要开展了以下几项工作。

一是推动生物技术占先。全面提高生命科学领域新型研发机构效能，如正式建成北京脑科学与类脑研究中心二期，完成北京干细胞与再生医学研究院怀柔院区基本建设。

二是破解科技成果转化堵点。研究制定《关于打通高校院所、医疗卫生机构科技成果在京转化堵点若干措施》，通过夯实制度基础，压实主体责任，引导高校院所、医疗卫生机构与企业密切合作等方式，畅通技术、资本、人才等要素流通渠道，力求全面消除成果转化堵点。

三是充分发挥联席会工作机制作用。北京市建立了以市经济和信息化局、市卫生健康委员会、市药品监督管理局等 19 家医药产业的密切相关部门为成员单位的市医药健康统筹联席会，共同推进医药健康产业发挥引擎作用。

四是大力服务产业发展。多部门联合制定被称为"白名单"制度的《北京市生物医药研发用物品进口试点方案》，对纳入名单的物品，企业无须提交《进口药品通关单》即可在北京海关办理通关手续，破解了研发用物品进口通关慢给企业带来的困扰；共同推进国内首个实验动物专用运输车的研发与使用，并为专用运输车在市区五环内日间运输提供支持和保障。

三、智能制造与装备产业

北京市将"智能制造与装备"纳入市高精尖产业，以"优品智造"为主攻方向，全面增强装备的自主可控、软硬一体、智能制造、基础配套和服务增值能力，以装备的智能化、高端化带动北京市制造业整体转型升级，力争到 2025 年智能制造与装备产业实现营业收入 10000 亿元，其中智能装备部分达到 3000 亿元。

围绕智能制造与装备产业发展，2022 年北京市主要进行了以下几项工作。

一是加快创新资源汇聚。支持小米集团建设人工智能与智能家居融合技术创新中心，围绕 5G 高集成度有源天线关键射频器件实施中关村"强链工程"，在此基础上，推荐其联合产业链上下游企业、高校院所等 20 家创新主体组建全国首家国家级创新联合体——3C 智能制造创新联合体，集聚智能制造领域的科研、产业、应用优势资源。

二是推进智能检测装备发展。统筹海淀区和延庆区协调推进政策落地，积极开展现场调研，组织座谈会议，公开征集创新产品。

第三节　典型案例

北京智源人工智能研究院（简称"智源研究院"）于 2018 年成立，是依托北京大学、清华大学、中国科学院、百度、小米、字节跳动、美团点评、旷视科技等北京人工智能领域优势单位共建的新型研究机构。智源研究院旨在汇集国际顶尖人工智能学者，聚焦核心技术与原始创新，推动人工智能领域发展政策、学术思想、理论基础、顶尖人才与产业生态的五大源头创新。

一、聚焦国家战略需求

按照国家新一代人工智能发展规划总体部署，智源研究院聚焦原始创新和核心技术，建立自由探索与目标导向相结合的科研体制，营造全球最佳的学术和技术创新生态，支持科学家勇闯人工智能科技前沿"无人区"，解决最基础的和最具挑战性的难题，引领人工智能学科前沿和技术创新方向，支撑人工智能产业发展，推动北京成为全球人工智能学术思想、基础理论、顶尖人才、企业创新和发展政策的源头，率先成为国际领先的人工智能创新中心。进一步支撑人工智能产业发展，促进人工智能深度应用，改变人类社会生活，保障人类、环境和智能的可持续发展。

二、加速原创成果转化

围绕视网膜芯片、认知知识图谱、安全人工智能、产业知识引擎等领先技术的熟化、工程化建立智源创新中心，推动 AI 原创成果转化及产业化。筹备设立智源 AI 创投基金，重点投资科学家创业项目，孵化并培育人工智能领先技术创新企业。倡议发起"中关村悟道智能模型创新联盟"，与各领域企业探索大模型的应用落地，致力于推动人工智能模型算法创新、技术平台建设和智能模型应用等，促进人工智能模型研发和应用合作，形成智能大模型开放产业生态。

三、探索新型运行机制

作为创新型研究院，智源研究院在运行机制探索中，形成了集中力量办大事、青年人才挑大梁、开放生态育创新的独特智源模式。在集中力量办大事方面，智源研究院作为非营利研究机构，不断协同跨组织、跨学科的合作。在青年人才挑大梁方面，重大科研项目主要由青年人才主导，开展青年人才领衔大项目，让青年人才在大项目中得到历练与成长。在开放生态育创新方面，形成了智源大会、智源学者、智源社区、青源会等 AI 生态圈。

第十一章

广东省工业技术创新发展状况

2022 年，广东省坚持创新在现代化建设全局中的核心地位，从"基础研究+技术攻关+成果转化+科技金融+人才支撑"全链条发力，坚持技术创新和制度创新双轮驱动、锻长板与补短板齐头并进，推动广东省技术创新优势在新的高度立起来、强起来，增强创新体系整体效能，建设具有全球影响力的技术创新和产业创新高地。

第一节　发展回顾

2022 年，广东省充分发挥技术创新在高质量发展中的支撑与引领作用，成效显著。全省第二产业增加值为 52843.51 亿元，比上年增长 2.5%，对地区生产总值增长的贡献率为 52.9%，相较于上年贡献率有所提升。全年全部工业增加值比上年增长 2.6%。规模以上工业增加值增长 1.6%，其中高技术制造业增加值比上年增长 3.2%，占规模以上工业增加值的比重达 29.9%；先进制造业增加值比上年增长 2.5%，占规模以上工业增加值的比重达 55.1%；装备制造业增加值比上年增长 3.5%，占规模以上工业增加值的比重达 44.7%[①]。

一、技术创新发展情况

（一）总体情况

广东省瞄准高质量发展，点燃创新引擎，不断夯实创新"家底"。2022 年，全省研发经费支出约 4200 亿元，约占地区生产总值的 3.26%，基础研究经费

---

① 广东省统计局：《2022 年广东省国民经济和社会发展统计公报》，2023 年 3 月 31 日。

投入约 320 亿元，约占研发总经费的 7.64%，超过全国平均水平。全省专利授权总量 83.73 万件，比上年下降 4.0%，居全国首位。其中，发明专利授权量 11.51 万件，增长 11.9%。全年 PCT 国际专利申请量 2.43 万件，居全国首位。截至 2022 年年底，全省有效发明专利量 53.92 万件，居全国首位。每万人口发明专利拥有量 42.51 件。全年有 11.3 万家企业获得专利授权 67.69 万件，其中，2.34 万家企业获得发明专利授权 9.41 万件。全年经各级科技行政部门登记技术合同 47892 项，技术合同成交额 4525.42 亿元，比上年增长 5.4%[1]。区域创新综合能力连续 6 年居全国第一位，正成长为国家重要创新动力源。

（二）主要做法

1. 加大对基础研究的支持力度

广东省启动实施省基础与应用基础研究十年"卓粤"计划，推进实施基础研究体制机制"破冰"行动、多元化资金支持体系"开源"行动、高水平基础研究平台"筑基"行动、高水平学科"登峰"行动、行业领军企业"强基"行动、"百千万"青年科技人才"育才"行动、基础研究对外开放"汇智"行动，以及基础研究生态系统"再造"行动共 8 项行动，重点聚焦在量子科技、脑科学与类脑、半导体器件和集成电路等领域，强化基础研究需求导向。

2. 持续加大对科技型企业稳企暖企力度

相关部门印发《科技创新助力经济社会稳定发展的若干措施》，提出从税收减免、研发奖补、政策服务、外企引进、项目配套等角度，把帮助企业短期纾困作为重要的出发点和落脚点。省科技厅等单位联合启动了"2022 年广东省高新技术企业服务团"活动，通过组织科技系统党员开展一系列科技服务活动，组建一支高水平科技企业专家服务队伍，开展一系列科技创新政策宣讲，发布一项"广东科企支持贷"产品，推出一个资本市场护航行动和打造一个科技企业宣传服务阵地共 6 项具体措施为高新技术企业提供创新发展服务。相关部门出台《广东省配套支持国家科技重大项目和重大平台实施细则（试行）》，对省内单位牵头或参与国家有明确配套要求的重大科技项目，获国拨经费达到一定金额的，省级财政按不高于地方财政应配套经费的 50% 予以配套，力争省市县（区）等地方财政共同对国拨经费的配套比例达到 1∶1。

---

① 广东省统计局：《2022 年广东省国民经济和社会发展统计公报》，2023 年 3 月 31 日。

3. 构建科技企业梯次培育体系

《进一步支持科技型中小企业高质量发展行动方案（2022—2026 年）》，提出引导人才、资本、项目、平台等创新要素向科技型中小企业聚集。《广州市科学技术局强服务树标杆、提升高新技术企业创新能力行动方案（2022—2026 年）》，指出实施科研强企、产品兴企、人才优企、服务暖企、金融惠企、精选育企六大行动，建立"三个一"服务体系（创建一个高企培训品牌、组建一支高企培育导师队伍、建立一批高企服务工作站点）。上述两份文件均提出构建"科技型中小企业—高新技术企业—硬科技企业—独角兽企业—上市高新技术企业"梯次培育体系这一目标。

4. 推动科技金融紧密结合

《科技创新助力经济社会稳定发展的若干措施》指出，加大创业投资基金支持力度，发挥财政资金杠杆效应，通过加大对省内天使投资补助力度、探索设立省天使投资母基金等举措，引导社会资本支持种子期、初创期科技企业发展壮大；全面摸查各类科技企业融资需求，推广开展"广东科企支持贷"等科技型中小企业专属融资服务；优化科技信贷风险补偿机制，引导银行加大对高新技术企业和科技型中小企业的信贷支持力度。

二、质量品牌发展情况

（一）总体情况

广东省坚持"质量为王"的价值导向，着力打造"广东制造"金字招牌，扎实推进质量强省建设。2022 年，全省有效注册商标量达 757.1 万件，连续 28 年居全国首位；全省每万户市场主体拥有商标 4728.75 件，平均每 2.11 个市场主体拥有 1 件有效商标。全省有建成或在建的国家产品质量监督检验中心 87 个、省级授权产品质量监督检验机构 232 个。全省有在建的国家产业计量测试中心 7 个，建成或在建的省级产业计量测试中心 26 个；法定计量检定机构 90 个，省市场监督管理局专项授权计量技术机构 17 个，特种设备综合检验机构 8 个；标准化技术机构 12 个，在建和建成国家技术标准创新基地 6 个，国家标准验证检验检测点 2 个。[1]

---

① 广东省统计局：《2022 年广东省国民经济和社会发展统计公报》，2023 年 3 月 31 日。

（二）主要做法

1. 开展质量提升行动

组织开展"质量标杆"活动，推广先进质量管理方法，推荐质量建设优秀企业申报国家"质量标杆"、中国质量奖。高起点培育 20 个战略性产业集群，积极开展产业集群区域品牌建设试点工作，组织推荐优质企业、优势产品申报制造业单项冠军示范（培育）企业和单项冠军产品评选，形成了以质量建设引领品牌可持续发展的"广东经验"。目前，珠江钢琴、视源电子、金发科技等 50 家广东企业获国家制造业"单项冠军"称号。

2. 加速品牌经济发展

围绕地方特色产业发展规划，推动本地商标品牌建设与区域产业发展政企衔接，探索专业镇、产业园区、行业协会合作共建产业集群品牌，推动集体商标注册的产业集群品牌创建新模式。结合区域产业特色加强品牌培育，推动产业集群品牌的注册和运用，研究制定产业集群品牌管理措施，支持各地打造"佛山陶瓷""大沥铝材""善美韶农"等特色鲜明、竞争力强的产业集群品牌和区域公共品牌。支持和引导企业提高商标品牌建设能力，提升企业自主品牌价值，建设花都狮岭镇箱包产业、白云裘皮产业等一批商标密集型产业集聚区，助推区域特色经济高质量发展。

第二节　重点领域

一、新一代电子信息产业

广东省高度重视新一代电子信息产业发展，将其列为全省十大战略性支柱产业集群之首。对此，《广东省发展新一代电子信息战略性支柱产业集群行动计划（2021—2025）》提出具体发展目标，即力争到 2025 年，营业收入达 6.6万亿元，建成新一代信息通信（5G）园区 5 个、智能终端产业基地 5 个、半导体元器件及智能传感器产业基地 5 个。

围绕新一代电子信息产业发展，广东省主要进行了以下几项工作。

一是深入开展稳链强链补链。在超高清视频、新一代通信与网络、软件、智能终端、人工智能、物联网、汽车电子等新一代电子信息产业领域推动企业加强研发攻关，完善上下游配套，补齐产业链短板，打造全产业生态。

二是加大新基建支撑。《2022 年广东省数字经济工作要点》明确指出加快风华高科、潮州三环、惠州 TCL 智能制造产业基地、汕头立讯精密等重大项目建设；鼓励国资企业加大投资布局力度；培育省级电子信息特色产业园，指导企业积极承担产业基础再造和高质量发展工程等。

三是给予电子信息产业方向项目资金支持。相关部门发布《关于开展 2022 年省级促进经济高质量发展专项资金（新一代信息技术和产业发展）支持电子信息产业方向项目入库的通知》，各地方主管部门积极组织本地区项目库的申报，并进行了评选。

二、汽车产业

广东省是全国汽车生产和消费第一大省。2022 年，广东省汽车产量为 415.37 万辆，其中新能源汽车产量为 129.73 万辆；汽车工业销售产值破万亿元；汽车相关的专利数量为 2.8 万件，位居全国第一，其中新能源和智能网联汽车专利的地域分布排名同样位居全国第一。

围绕汽车产业发展，广东省主要开展了以下几项工作。

一是加强关键零部件供给保障。《广东省汽车零部件产业"强链工程"实施方案》指出，要通过统筹建设特色产业园区、打造产业协同创新平台及发挥基金投资引导作用来构建三大发展支撑载体；通过做强做优动力总成、夯实底盘系统基础、发展壮大智能网联、提质增效车身系统、创新突破工业软件、推动建设仓储物流来筑牢六大关键环节基石。

二是鼓励新能源汽车消费。相关部门发布《广东省进一步促进消费若干措施》，鼓励购置新能源汽车，2022 年 5 月 1 日至 6 月 30 日，对个人消费者在省内购买以旧换新推广车型范围内的新能源汽车新车，给予 8000 元/辆的补贴。

三是提升充电服务水平。相关部门印发《广东省电动汽车充电基础设施发展"十四五"规划》并组织实施，规划到 2025 年年底，全省累计建成集中式充电站 4500 座以上，累计建成公共充电桩约 25 万个，对各地市制定规划、推进建设提出了明确要求和任务。

三、人工智能产业

人工智能产业是引领广东省产业升级、经济体制创新、科技跨越式发展的重大产业。广东省紧紧把握人工智能发展重大战略机遇，在产业规模、区域发展、技术创新、生态构建等方面蓬勃发展，人工智能产业基础扎实，全产业链持续优化升级，重点终端产品发展迅速，部分产品全国领先。

围绕人工智能产业发展，广东省主要开展了以下几项工作。

一是加强基础研究和关键核心技术攻关。2022 年，相关部门印发《广东省新一代人工智能创新发展行动计划（2022—2025 年）》，明确指出聚焦人工智能基础理论研究，重点实现信息理解、算法模型、底层机制和安全体系等领域的突破，支持在机器学习自动化、大数据智能、通用基础模型、无监督跨模态大模型、人机混合群体智能、知识理解与推理、协同控制与优化决策，以及可解释人工智能等领域开展技术攻关。

二是推进新兴领域立法。多个城市不断探索并最终出台多部人工智能产业专项立法，如《广州市数字经济促进条例》于 2022 年 6 月 1 日起实施，《深圳经济特区人工智能产业促进条例》于 2022 年 11 月 1 日起实施。

第三节　典型案例

广东省新一代通信与网络创新研究院（以下简称"研究院"）是广东省重点规划建设的网络通信领域集技术研发与成果转化为一体的综合性科创平台。研究院成立于 2018 年，2019 年被认定为广东省首批高水平新型研发机构，目前已组建国家级领军人才领衔的百余人全职科研人才队伍，并与国内网络通信领域的知名高校、科研院所和头部企业建立了紧密的产学研合作关系。

一、强化使命定位

研究院针对国际前沿领域和我国网络通信产业瓶颈开展基础性、前沿性和应用型技术研究，推动科研成果转移转化和示范应用。研究院累计承担 20 余项国家和省级重大科研项目，申请发明专利 100 多件，在 5G 应用技术、通信核心芯片和 6G 前沿技术领域取得了一批国际领先和国内突破的标志性创新成果，部分科研成果即将进入产业化阶段。研究院 5G 行业应用云网融合解决方案及系列通信产品已在地铁、石化、矿山等领域得到推广应用，自研 RISC-V 处理器、DSP 处理器等芯片已完成投片。

二、创新发展模式

研究院采用"研究院+投资基金+产业化公司"的发展模式，省市县（区）三级政府为研究院提供充足的建设运营资金，国家和省市重大科研项目保障了研究院的科研经费，投资基金支撑产业化公司转化孵化研究院产出的科研成果。研究院实施民办非企业体制创新、全员持股机制创新、政产学研用模式创新、开源社区生态创新、科技与金融融合创新共 5 个方面的体制机制创新举措。

三、服务地方经济

研究院积极推动广东省 5G 行业的产学研合作，牵头组织 5G 通信领域头部企业和机构应用 5G 技术提供服务，推动 5G 技术赋能垂直行业的数字化、智慧化转型发展，培育了百余个 5G 行业应用的典型场景。近年来，研究院累计举办和协办了世界 5G 大会、5G 工业互联网论坛等通信领域的高端学术交流活动，在粤港澳大湾区营造了网络通信领域浓厚的创新氛围。

第十二章

江苏省工业技术创新发展状况

2022 年,江苏省坚持以习近平新时代中国特色社会主义思想为指导,聚焦先进制造业领域,推动现代化产业体系高端化发展。在技术创新方面,推动现代化产业体系高端化发展,持续推进创新型产业集群建设,统筹推进各类人才队伍建设,促进工业高质量发展。在质量品牌发展方面,不断健全企业质量融资增信机制,加强质量基础设施服务支撑,深化"江苏精品"品牌建设,全面推动江苏省质量强国建设。

第一节　发展回顾

2022 年,江苏省工业经济恢复较快,先进制造业增势良好,全年规模以上工业增加值比上年增长 5.1%。高技术产业增加值比上年增长 10.8%,高于规模以上工业增速 5.7 个百分点,占规模以上工业的比重达 24.0%,比上年提高 1.5 个百分点;装备制造业增加值比上年增长 8.5%,高于规模以上工业增速 3.4 个百分点,占规模以上工业的比重达 52.6%,比上年提高 1.5 个百分点;工业战略性新兴产业产值占规模以上工业的比重达 40.8%,比上年提高 1 个百分点;高新技术产业产值占规模以上工业的比重达 48.5%,比上年提高 1 个百分点。从产品产量看,新能源、新型材料、新一代信息技术产量增长较快,其中新能源汽车、碳纤维及其复合材料、智能手机、服务器产量分别增长 93.2%、64.6%、49.5%和 114.3%。[1]

---

[1]　江苏省统计局:《2022 年江苏省国民经济和社会发展统计公报》,2023 年 3 月 3 日。

一、技术创新发展情况

（一）总体情况

近年来，江苏省坚持把创新作为引领发展的第一动力，经济发展质量效益明显提升。2022 年，江苏省全社会研发投入强度约 3%，达到创新型国家和地区中等水平。每万人发明专利拥有量为 50.4 件，科技进步贡献率达 67%。科技创新平台建设进展显著，紫金山实验室被纳入国家战略科技力量体系，国家集成电路设计自动化创新中心获批。先进制造业产业集群建设步伐加快，2022 年获批国家先进制造业集群总数居全国第一。现代化产业体系构建加速，制造业高质量发展指数为 89.1，制造业增加值占地区生产总值比重达 37% 以上，均居全国第一，两化融合发展水平连续 8 年居全国第一。①

（二）主要做法

1. 推动现代化产业体系高端化发展

一是提升产业链现代化水平。江苏省高度重视推进产业链现代化工作。2022 年，江苏省年度重大项目清单中 70% 的项目属于江苏省 50 条重点产业链的强链补链项目。江苏省贯彻执行《江苏省"产业强链"三年行动计划（2021—2023 年）》，加快推进"531"产业链递进培育工程，特高压设备、晶硅光伏、风电装备等 7 条产业链基本达到中高端水平。

二是培育数字经济新增长点。2022 年，江苏省深入实施《江苏省制造业智能化改造和数字化转型三年行动计划（2022—2024 年）》，共 3 万家规模以上工业企业启动改造项目，1 万家完成改造任务，新增工业互联网标杆工厂 79 家。2022 年，数字经济引领高质量发展，江苏省数字经济规模超 5 万亿元，核心产业增加值约占地区生产总值的 11%。

2. 持续推进创新型产业集群建设

一是加快创新型产业集群建设。围绕《江苏省创新型产业集群建设评价工作指引》，江苏省全面启动省级创新型产业集群建设，专门设立创新型产业集群培育项目，为争创国家创新型产业集群奠定坚实基础。2022 年，江苏省积极培育创新型企业集群，其中高新技术企业达 4.4 万家，比上年增加 0.7 万家，

---

① 江苏省人民政府：《江苏省政府 2023 年政府工作报告》，2023 年 1 月 28 日。

支持高新区围绕创新型产业开展 47 项重大成果转化项目。同时，江苏省获批国家创新型产业集群总数达 19 家，居全国第二。

二是提升先进制造业集群能级。江苏省制定落实重点集群国际竞争力提升方案，加快实施产业基础再造、重大技术装备攻关等工程，深入实施产业强链行动计划，高标准建设国家先进制造业集群和省重点集群，推动新型电力和新能源装备、生物医药、海工装备等集群加快向世界级先进制造业集群跃升。2022 年，江苏省物联网、工程机械等 10 个集群入选国家先进制造业集群，总数居全国第一。

3. 统筹推进各类人才队伍建设

一是加强科技人才队伍建设。江苏省聚焦加快实现高水平科技自立自强，积极推动科技人才队伍建设，超前部署重大科学前沿和产业前瞻问题，促进创新人才向本地产业流动集聚。截至 2022 年年底，江苏省人才资源总量超过 1400 万人，研发人员达 108.8 万人，创业类国家重大人才工程入选数量连续 13 年居全国第一，在江苏省的两院院士达 118 人，全国 65% 的院士有在江苏省进行创新创业或开展相关项目合作的经历。

二是开展产业人才队伍建设。2022 年，江苏省印发《关于组织开展江苏省区块链产业人才培训基地评估工作的通知》，加快数字技能人才培养。同时，江苏省持续推进 "英才名匠" "育鹰计划" 等产业人才培训项目，为江苏省制造业高质量发展提供坚实的产业人才支撑。2022 年，"英才名匠" 项目共培训 900 多名产业人才。

二、质量品牌发展情况

（一）总体情况

江苏省认真贯彻落实党中央、国务院关于质量强国建设的决策部署，大力推进质量强省建设。2022 年，江苏省不断健全质量融资增信机制，推动质量基础设施迭代升级，筛选质量标杆示范，为江苏省高质量发展提供坚实的质量支撑。截至 2022 年 11 月，江苏省质量提升行动覆盖 150 个重点行业、350 个重点产品、7000 多家重点企业①。

---

① 新华日报：《敢为善为，书写质量强国江苏新答卷》，2022 年 11 月 24 日。

（二）主要做法

1. 健全企业质量融资增信机制

为支持企业加强质量品牌管理，加强企业对利用质量基础增信融资的认识，2022 年，江苏省市场监督管理局联合地方金融监督管理局遴选出 10 家银行，共同推出面向质量标杆企业的金融产品"苏质贷"，精准投放信用贷款，将企业质量品牌的"无形资产"转化为"真金白银"，为进一步提升企业创新能力注入资金支持。

2. 加强质量基础设施服务支撑

江苏省围绕打通企业质量提升的堵点，统一建设标准，整合质量服务资源，加强数据资源共享，护航企业全生命周期，多地开展线上互联、线下协同的质量基础设施一站式服务平台建设。截至 2022 年年底，江苏省建成"一站式"服务平台和服务站点超 200 个，服务企业超 114.54 万次，解决技术难题超 1.71 万个，质量基础设施"一站式"服务工作全国领先。

3. 深化"江苏精品"品牌建设

2022 年 5 月，江苏省印发《关于深化"江苏精品"品牌建设工作的通知》，提出通过加大品牌培育力度、完善标准工作机制、规范认证工作要求、加强品牌宣传引导来深化"江苏精品"认证工作，提升企业品牌竞争力。2022 年，根据"江苏精品"认证规则，共两批 232 个产品或服务通过了"江苏精品"认证。

第二节　重点领域

一、生物医药产业

江苏省作为生物医药大省，着力打造全国领先、全球有影响力的生物医药产业高地。2022 年，江苏省生物医药产业产值超 5000 亿元，同比增长超过 9%，新获批药品 206 个、三类医疗器械 380 个，数量均位居全国首位。

围绕生物医药产业发展，江苏省主要从以下几方面发力。

一是优化审评审批服务。江苏省持续推动医疗器械审评审批规范化和标准化发展。2022 年 1 月，江苏省印发《关于优化审评审批服务 推动创新药械使用 促进医药产业高质量发展的行动方案（2022—2024 年）》，指出要聚焦创新药品医疗器械上市、使用过程中的堵点和难点问题，促进生物医药产业高质量发展。

二是优化营商环境。江苏省着力打造国内一流生物医药产业发展环境，激发市场主体活力。2022 年 9 月，江苏省发布《关于持续优化营商环境促进生物医药产业提速畅通高质量发展的若干措施》，提出要及时解决企业发展诉求，持续优化营商环境，助推生物医药产业高质量发展。

三是加强产业集群建设。江苏省致力于打造全球生物医药研发与制造高地、国家先进制造业集群示范区。2022 年 11 月，江苏省苏州市生物医药及高端医疗器械集群和泰连锡（泰州市、连云港市、无锡市）生物医药集群入选国家级先进制造业集群。

二、新能源汽车产业

江苏省贯彻落实国家新能源汽车发展战略，新能源汽车产业综合竞争力不断增强。2022 年，江苏省新能源汽车产销翻倍增长，总量为 68.7 万辆和 66.8 万辆，同比增长 175.0% 和 169.7%，分别占全省汽车产销总量的 41.8% 和 41.5%，比全国高出近 1 倍，呈爆发增长势头。同时，江苏省建成全国最大的动力电池生产基地，动力电池产能占全国的近 40%。

围绕新能源汽车产业，江苏省主要开展了以下工作。

一是保障新能源汽车产业链供应链平稳运行。江苏省积极保障新能源汽车产业链稳定供应，设立汽车产业链协调保供工作组，建立省、市、县、乡镇四级联络机制，有力保障省内外新能源汽车零部件的供应。

二是持续加大新能源汽车推广应用力度。江苏省组织召开新能源汽车推广应用推进会，在理想汽车等企业组织开展品牌向上推广活动，宣传推广自主品牌。此外，江苏省吸引超过 52 个品牌、100 多款新能源汽车参与下乡巡展和推广活动。2022 年，江苏省新能源汽车推广应用成效显著，新能源汽车上牌量达48.62 万辆，同比增长 110.9%，市场渗透率达 25.8%。

三是积极构建快捷高效的充电服务网络。2022 年，江苏省在全国率先实现高速服务区快充桩全覆盖和公共充电设施乡镇全覆盖，其中高速服务区快充桩充电量位列全国第一，公共充电设施充电量位列全国第二。

三、智能制造产业

江苏省坚持智能制造主攻方向，建立健全智能制造工作推进体系，积极推动智能制造试点示范，努力打造"智造江苏"品牌。2022 年，江苏省有 6 个项目入选国家级智能制造标准应用试点，位居全国首位，另新增国家级智能制造示范工厂 3 家。

具体来看，江苏省主要从以下几方面推动智能制造产业发展。

一是全面推进制造业智能化改造和数字化转型。江苏省以《江苏省制造业智能化改造和数字化转型三年行动计划（2022—2024 年）》为指导，2022 年，累计为 2.2 万家企业提供免费智能化改造和数字化转型诊断，共实施改造项目 2.7 万个。

二是坚持示范引领。江苏省加强行业标杆示范引领，加快推动智能制造示范工厂建设，引导企业加大智能化改造力度，提升智能制造水平，相继开展智能制造示范车间、示范工厂评选活动。截至 2022 年年末，江苏省累计入围国家智能制造示范工厂 12 家、优秀场景 41 个。

三是加强服务体系与服务能力建设。江苏省通过进行 2022 年江苏省智能制造领军服务机构申报，加强智能制造服务体系与服务能力建设，助力江苏省制造业智能化改造和数字化转型服务资源池建设。

第三节　典型案例

苏州天准科技股份有限公司（以下简称"天准科技"）成立于 2005 年，是中国科创板首次过会三家企业之一，其面向工业计量、消费电子、半导体、印制电路板（PCB）、光伏等精密制造领域，提供视觉测量、检测、制程装备及智能驾驶方案等高端产品，以领先的视觉装备技术促进制造业向数字化、智能化发展。天准科技入选"国家企业技术中心""国家级专精特新'小巨人'"名单，其经验做法值得学习推广。

一、不断提升科技创新实力

天准科技为增强企业核心竞争力不断提升科技创新实力。2022 年，天准科技成为苏州高新区唯一一家入选"国家企业技术中心"的企业，标志着该企业综合创新能力得到国家层面的认可。同时，天准科技获得江苏省科学技术一等奖，有效支撑了该企业核心技术的持续创新升级。在专利方面，截至 2022 年年底，天准科技累计获得专利授权 334 项，其中发明专利 182 项；2022 年，天准科技新增专利申请 173 项（其中发明专利申请 112 项），新增专利授权 162 项（其中发明专利 104 项）。在标准方面，天准科技是 3 个全国标准化技术委员会的委员单位，牵头或参与制定的国家与行业标准及规范超 20 项。

二、加强研发投入力度

天准科技通过保持高研发投入，不断升级已有产品，打造产品矩阵。2022 年，天准科技研发投入达 2.4 亿元，占 2022 年营业收入的 15.2%。截至 2022 年年末，天准科技的研发人员数量达 817 人。在产品升级方面，天准科技持续推动套刻产品的升级研发；推动面向半导体前道微观缺陷检测装备从原理样机阶段进入内部测试阶段。此外，天准科技持续向市场投入新产品，拓展企业可持续发展空间，比如发布新一代高速光伏硅片检测分选设备，并将 PCB 领域的系列产品陆续投向市场。

三、强化研发技术平台建设

天准科技注重核心技术积累，不断夯实企业研发技术平台基础。2022 年，该企业面向半导体前道制造等领域，开展超精密光学系统、超精密运动台、驱控一体控制器等核心部件的自主研发，持续完善核心技术研发平台体系建设。同时，天准科技持续升级 VispecAOI、Vispec3D、VispecIOT 等机器视觉算法平台及工业软件平台的性能，进一步完善研发技术平台的功能和提升平台的易用性。

第十三章

浙江省工业技术创新发展状况

2022 年，浙江省全面实施科技创新和人才强省首位战略，抓牢科技创新"牛鼻子"，以高水平科技创新引领高质量发展。在技术创新方面，系统构建科技创新平台体系，持续优化科技创新生态环境，加快推动关键核心技术突破，深入推动产业链创新链深度融合，为科技强省建设提供了有力支撑。在质量品牌发展方面，完善标准管理机制，加强质量基础设施建设，持续培育品牌标杆企业，全方位、全链条推进质量强省建设。

第一节　发展回顾

2022 年，浙江省经济运行总体保持恢复态势，高质量发展特征进一步显现。2022 年，浙江省规模以上工业增加值达 21900 亿元，比上年增长 4.2%。从规模以上工业细分产业来看，新动能持续引领经济增长。数字经济核心产业增加值达 8977 亿元，比上年增长 6.3%。数字经济核心产业制造业增加值增长 10.7%，增速是规模以上工业的 2.5 倍，拉动规模以上工业增加值增长 1.7 个百分点。高技术、战略性新兴产业发展势头较好，增加值均增长 10% 以上，分别拉动规模以上工业增加值增长 1.9 个百分点和 3.1 个百分点。战略性新兴产业中的新能源产业增加值增长 24.8%，增速是规模以上工业的 5.9 倍。高新技术产业增加值占规模以上工业增加值的 65.3%，增长 5.9%，拉动规模以上工业增加值增长 3.9 个百分点，成为主导产业。[①]

---

①　浙江省统计局：《2022 年浙江省国民经济和社会发展统计公报》，2023 年 3 月 16 日。

一、技术创新发展情况

（一）总体情况

2022 年，浙江省深入实施科技创新和人才强省首位战略，以"互联网＋"、生命健康、新材料三大科创高地建设取得重大标志性成果为目标，加快构建"315"科技创新体系，为浙江省高质量发展提供有力的科技支撑。2022 年，浙江省创新发展能力大幅提升，全社会研发投入强度达 3%，比上年提高 0.58 个百分点；科技进步贡献率达 68%，区域创新能力跃居全国第 4 位，知识创造指标上升 2 名，全国排名第 3 位；企业创新、创新绩效和创新环境指标与上年一致，分别排在全国第 3 位、第 4 位和第 4 位[①]。

（二）主要做法

1. 系统构建科技创新平台体系

一是完善科技企业梯次培育机制。为强化企业科技创新主体地位，培育创新能力强的科技企业，浙江省印发《浙江省科技领军企业管理办法》《浙江省科技小巨人企业管理办法（试行）》，旨在完善科技企业"微成长—小升高—高壮大—大变强"的梯次培育机制。2022 年，浙江省认定 31 家科技领军企业，120 家科技小巨人企业。

二是体系化培育国家战略科技力量。为提升浙江省创新策源能力，2022 年 7 月，浙江省在科技创新大会上明确提出要构建"315"国家战略科技力量体系，系统化构建高能级科创平台。2022 年，浙江省国家科技战略力量培育进展显著，之江实验室等被纳入国家实验室体系，新增 11 家全国重点实验室，新建 4 家省技术创新中心，挂牌成立白马湖、天目山等 4 家省实验室。

2. 加快推动关键核心技术突破

浙江省高度重视关键核心技术攻关。2022 年，浙江省围绕"315"创新体系，聚焦三大科创高地，编制重大攻关任务指南，充分利用 2022 年省数字化改革"最佳应用"成果"科技攻关在线"，组织开展超 400 项"尖峰、尖兵、领雁、领航"研发攻关计划项目，推行"揭榜挂帅""赛马制"等攻关模式，取得262 项进口替代标志性成果。

---

① 浙江新闻：《浙江创新能力 15 年来首次争先进位 全国第四的含金量在哪？》，2022 年 12 月 21 日。

3．促进产业链创新链深度融合

为进一步增强企业的创新动力，浙江省高度重视推动创新链产业链融合发展。2022 年 6 月，浙江省出台《关于推动创新链产业链融合发展的若干意见》，明确指出要围绕产业链部署创新链，围绕创新链布局产业链，加快科技强省建设。2022 年，杭州高新区（滨江）物联网产业园以龙头企业为链主，构建"产业链+创新链"协同发展新模式，成功入选杭州市共同富裕第一批最佳实践名单。

4．持续优化科技创新生态环境

浙江省持续优化"产学研用金、才政介美云"十联动创新生态。2022 年 6 月，浙江省印发《关于加强科技伦理治理的实施意见（征求意见稿）》，不断加强科技伦理治理建设。2022 年 11 月，围绕科技成果公开交易，浙江省发布全国首个通用性省级地方标准《科技成果公开交易规范》，为全国科技成果转移转化工作提供参考。2022 年 12 月，浙江省举办 2022 年省科研诚信建设工作培训班，加强科研作风学风和科研诚信建设。

二、质量品牌发展情况

（一）总体情况

浙江省高度重视质量品牌建设，为进一步发挥质量基础赋能和品牌增效作用，推进实施"浙江标准"标识制度，加强质量基础设施"一站式"服务平台建设，持续培育"品字标"企业，全方位、全链条推进质量强省建设。2022 年，浙江省开展 114 项产业质量提升项目、139 项质量攻坚项目，累计帮助 687 家企业解决质量技术问题并节约成本超 6000 万元[①]。

（二）主要做法

1．完善标准管理机制

标准决定质量，浙江省高度重视标准体系建设，通过提升标准化水平推动产业质量升级。为充分发挥高标准对高质量发展的引领和支撑作用，2022 年 10 月，浙江省印发《"浙江标准"管理办法（试行）》，推进实施"浙江标准"标识

---

① 杭州日报：《浙江省级"品字标"朋友圈越来越壮大》，2023 年 3 月 3 日。

制度，提出每两年开展一次"浙江标准"评定，每次评定名额一般不超过100个，通过评定的"浙江标准"有效期为5年。

2. 加强质量基础设施建设

浙江省高度重视质量基础设施服务平台建设。2022年1月，浙江省发布《质量基础设施"一站式"服务平台建设与管理规范》省级地方标准，旨在围绕平台的建设、服务、管理等方面，形成全省统一的质量基础设施服务平台评价体系，为企业提供全面的质量基础设施综合服务。2022年，浙江省质量基础设施"一站式"服务平台累计服务企业30514家，累计服务订单15.6万个。

3. 持续培育品牌标杆企业

浙江省持续优化"品字标"培育工作，深入开展"浙江制造"品牌建设工作，推动企业提质增效，激发品牌创新活力。在"高标准+严认证"为主要特征的"品字标"品牌引领下，浙江省制造业部分产品的关键性能指标已超过发达国家同类产品。截至2022年年底，浙江省已累计发布3029项"浙江制造"标准，培育3962家"品字标"企业。

第二节 重点领域

一、新一代信息技术产业

浙江省高度重视发展新一代信息技术产业这一战略性新兴产业。2022年，浙江省不断做优做强软件、数字安防、网络通信等新一代信息技术。新一代信息技术产业增加值相较于上年增长了9.3%，其中，软件业务收入9390.2亿元，同比增长3.0%，产业规模位居全国第5位。

具体来看，浙江省主要从以下几方面发力。

一是实施数字经济"一号工程"升级版。浙江省召开全省数字经济高质量发展大会，出台《关于打造数字经济"一号工程"升级版的实施意见》，进一步推进浙江省数字经济高质量发展。2022年，数字经济核心产业增加值增长6.3%，营业收入突破3万亿元。

二是推进制造业数字化转型。2022年，浙江省出台《关于推进细分行业中小企业数字化改造的行动方案》《以"产业大脑+未来工厂"为引领 加快推进制造业数字化转型行动方案（征求意见稿）》，召开全省细分行业中小企业数字化改造推进会，确定首批 24 个中小企业数字化改造创建试点县，加快推进产业数字化转型。

三是扎实推进数字基础设施建设。2022 年，浙江省已建成 5G 基站 17.2 万个，每 1 万人拥有超 26 个 5G 基站，居各省区前列，温州、嘉兴等获评全国"千兆城市"，宁波入选"2022 年度全国建设信息基础设施和推进产业数字化成效明显市（州）"。

二、先进制造业

先进制造业是制造业未来发展方向，浙江省是制造业大省，高度重视先进制造业发展。围绕先进制造业集群、创新链产业链深度融合、"产业大脑+未来工厂"建设等方面，浙江省多措并举推进全球先进制造业基地的高质量发展建设。2022 年，浙江省印发《浙江省人民政府关于高质量发展建设全球先进制造业基地的指导意见》，提出到 2035 年，浙江省基本建成全球先进制造业基地，力争成为全球数字变革创新地、全球智能制造领跑者、全国绿色制造先行区。

具体来看，浙江省主要从以下几方面推动先进制造业发展。

一是培育先进制造业集群。浙江省探索构建"万亿级产业群—千亿级产业集群—百亿级'新星'产业群"的培育路径，制定集成电路、高端软件、智能光伏等产业集群方案。宁波绿色石化等入选国家先进制造业集群，上虞氟化工等入选国家细分行业中小企业特色产业集群。

二是加快发展服务型制造。2022 年，第五届中国服务型制造大会在杭州成功举办，浙江省推进服务型制造发展步伐进一步加快。2022 年，新增国家级服务型制造示范企业 20 家，新增省级服务型制造示范企业 80 家，国家级示范企业数量位列全国第 1 位，温州、湖州获评国家级服务型制造示范城市。

三是持续完善技术创新体系。2022 年，浙江省新增国家级企业技术中心 6 个，省级企业技术中心 112 个，组建产业链上下游企业共同体 20 个。

三、新材料产业

新材料产业是工业发展的先导，也是浙江省重点培育发展的八大万亿产业之一。2022 年，浙江省新材料产业发展联席会议办公室印发《2022 年省新材料产业发展工作要点》，提出促进建设一批高能级创新平台，建设产业集群，打造核心产业链，开展关键核心技术攻关等工作要点。浙江省新材料产业发展基础良好，企业营商环境优异，2022年，浙江省新增注册企业数量稳定增长，新增注册企业数量达22830家。

为加快打造新材料创新高地，浙江省主要从以下几方面发力。

一是壮大战略科技力量。在新材料产业领域，2022年，浙江省已建设包括硅材料国家重点实验室在内的国家重点实验室4家，布局建设国家级企业技术中心22家、国家工程实验室9家、国家工程技术研究中心5家、国家级院所平台3家、省级重点实验室34家。

二是实施新材料重大专项。浙江省深入实施"尖峰"计划，加快布局新材料领域基础研究重大专项。近三年，浙江省累计立项实施新材料重大科技项目超260项，占全部项目的18%以上。

三是完善人才引育机制。浙江省深入实施人才引育计划，着力引进和培育新材料领域高端人才。2022年，浙江省新材料领域拥有材料学两院院士13名，国家级人才超100人，各类省部级人才超200人。

第三节　典型案例

浙江中达精密部件股份有限公司（以下简称"中达精密"）成立于2000年，主要从事固体润滑材料及滑动轴承研发生产，其自主研发的产品广泛应用于风电、汽车、核电、水利、高铁、航空航天等领域，如杭州湾跨海大桥、南水北调工程等国家重大工程项目。中达精密是科技先导型企业和国家高新技术企业。近年来，中达精密不断升级产品和技术，持续提升创新能力。2022年，中达精密入选国家级专精特新"小巨人"企业，其经验做法值得学习推广。

一、强化产学研合作交流

中达精密高度重视与科研院所交流合作，共同进行产品研发，突破技术难题。目前，中达精密已与中国科学院兰州化学物理研究所、江苏大学等多家科研院所共同承担国家级、省级、市级创新研发项目，深度开展产学研合作。例如，中达精密与上海某工程院共同开展滑动轴承产品研发项目，截至2022年年底，该项目已进入样品试制阶段，其生产的核电滑动轴承产品可以替代核反应堆领域全球唯一供应商的产品，已实现完全国产化并申请发明专利。

二、主导/参与标准制修订

中达精密深度参与国内、国际滑动轴承产品的标准化工作。中达精密是浙江省标准创新型企业，是全国滑动轴承标准化委员会的主要成员单位之一。截至 2022 年年底，中达精密的标准化工作稳步开展，已主导或参与标准制修订 35 项，包括国家标准 28 项、行业标准 1 项、团体标准 5 项，正在拟定国际标准 1 项、国家标准 10 余项。

三、抓牢研发创新"牛鼻子"

中达精密紧盯研发创新，不断升级产品和技术，保持良好发展态势。中达精密技术中心分别于 2018 年、2019 年、2022 年被认定为省级研发中心、省级企业研究所、浙江省企业技术中心。截至 2022 年年底，中达精密已获得专利 16 项，包括国内发明专利 10 项、国际发明专利 2 项。2022 年，中达精密研发投入达 2000 万元，占销售收入的比例达 5%，其研发的风电用滑动轴承率先在全球实现量产，年产能超千台（套）。

第十四章

湖北省工业技术创新发展状况

2022 年，湖北省加快推进科技赋能、智转数改，实现装备制造、家电等传统优势产业转型升级，聚焦重点产业，"筑牢"支柱，激活增长发力点；印发《实施"技兴荆楚"工程服务现代产业高质量发展若干措施》《湖北数字经济强省三年行动计划（2022—2024 年）》，将推动高新技术产业快速发展作为重中之重。

第一节 发展回顾

2022 年，湖北省工业经济实现较快增长，截至 2022 年年末，全省规模以上工业企业达到 17525 家，全年规模以上工业增加值、销售产值比上年分别增长 7.0%、8.0%，产品销售率达到 95.5%，出口交货值增长 7.5%。全省高技术制造业增加值比上年增长 21.7%，增速快于规模以上工业 14.7 个百分点，占规模以上工业增加值的比重达 12.1%。其中，计算机、通信和其他电子设备制造业增长 26.2%。①

一、技术创新发展情况

（一）总体情况

近年来，湖北省坚持创新驱动发展战略，加快推进"技兴荆楚"工程建设。2022 年，全省专利授权总量为 16.1 万件，同比增长 3.66%，其中发明专利授权 2.92 万件，同比增长 30.55%；全省有效发明专利拥有量为 11.76 万件，每 1

---

① 湖北省人民政府：《湖北省 2022 年国民经济和社会发展统计公报》，2023 年 3 月 8 日。

万人口发明专利拥有量约为 20.16 件①。在专精特新"小巨人"培育上，湖北省实现从落后到追赶、再到中部领先的快速发展，逐渐成为专精特新"小巨人"诞生的热土。2022 年，湖北省共有 303 家企业入选工业和信息化部第四批国家级专精特新"小巨人"名单，上榜企业数量居全国第 6 位、中部地区第 1 位。国家级专精特新"小巨人"企业总数达 473 家，排名全国第 8 位，较前三批总数排名跃升 5 位②。

（二）主要做法

1. 强化产业科技能力提升

一是坚持技术牵引。湖北省科学技术部门始终把满足企业技术需求作为实施科技项目的重要目标，精准组织实施一批重大专项和重点研发计划，着力以技术突破引领发展突围；大力支持五大突破性产业创新发展，组织 5 项省级重大科技项目，提供资金支持 4000 万元；围绕产业关键核心技术需求，组织实施一批省级重大科技项目和省级重点研发计划项目，广泛打通技术堵点、拓展技术优势。

二是强化全链条服务。湖北省开展"春晓行动"，从政策分类指导、涉税精细帮扶、专利加速审查、金融精准服务等方面，进一步推进企业服务常态化、长效化和制度化，共召开高新技术企业政策培训 151 场，2 万余人次线下参训。省科学技术部门联合省国资委召开省属国有高新技术企业申报政策宣讲会，深入中建三局、中交二公院、武汉建工等重点企业就申报新要求开展专题调研辅导，组织专家赴黄冈、孝感等地的产业园区开展专题辅导。全年完成 5 批共计 8716 家高新技术企业推荐报备工作，较上年增加 2083 家，同比增长 31.4%。2022 年，全省高新技术企业突破 20000 家，同比增长 37.3%。③

三是完善科技融资担保体系。湖北省人民政府办公厅印发《湖北省科技融资担保体系建设实施方案》，坚持风险共担、分级负担、"政银担"联合发力，依托全省现有政府性融资担保体系，构建专注服务科技创新企业的科技融资担保体系，更好发挥融资担保增信作用，着力破解融资难题，为科技型中小微企

---

① 湖北省统计局：《湖北省 2022 年 1—12 月知识产权数据统计简报》，2023 年 1 月 18 日。

② 湖北省人民政府：《湖北第四批国家级专精特新企业数量全国第六》，2022 年 9 月 9 日。

③ 中华人民共和国科学技术部：《2022 年湖北高新技术产业交出亮眼成绩单》，2023 年 2 月 14 日。

业发展壮大营造良好的金融生态。聚焦全省高新技术企业和科技型中小微企业，建立科技融资担保专营机构，提升服务科技型企业能力，构建覆盖全省、上下联动的专业化科技融资担保体系。力争到 2025 年，全省科技融资担保业务规模超 200 亿元，国家级高新区、省级高新区实现科技融资担保业务全覆盖。

2. 加快实现数智化赋能

一是制订行动计划。相关部门印发《湖北数字经济强省三年行动计划（2022—2024 年）》，提出围绕数字产业化、产业数字化、数据价值化、治理数字化、数字新基建和生态构建等领域，实施六大行动，到 2024 年年底基本建成全国数字产业化引领区、全国产业数字化先导区、数据要素聚集区、中部地区数据治理样板区和新型基础设施中部枢纽节点；到"十四五"末，在光电子信息领域打造具有国际竞争力的标志性产业链和数字产业集群。其中，到 2024 年年底，全省电子制造业产业规模超过万亿元，力争软件业务收入达到 3200 亿元，大数据产业突破 900 亿元，电信业务总量突破 1000 亿元；形成 3～5 个国家级先进制造业集群，打造 6 个数字经济示范城市和 30 个省级数字经济标杆园区。

二是实施网络设施强基行动。加快 5G 网络建设：以交通枢纽、体育场馆、旅游景点等人流密集区域和经开区、高新区、国家新型工业化产业示范基地等产业密集区域为重点，加强 5G 基站建设布局；协同推进 5G 承载网、核心网建设，加速 5G 独立组网规模商用，建成覆盖广、速率高、体验好的5G 精品网。推动企业内外网升级改造，鼓励基础电信运营商、信息技术企业与工业企业对接合作，加快工业设备数字化改造和企业（园区）网络优化升级。

三是深化"5G+工业互联网"融合发展。聚焦汽车制造、现代化工，以及能源、现代农产品加工、"光芯屏端网"、大健康等重点行业，加快 5G 与边缘计算、人工智能、云计算、大数据等新兴技术的融合，全面赋能工业互联网全流程，分级分类培育一批典型应用场景，推动 5G+工业互联网应用从外围辅助环节向核心生产环节渗透。加快推进工业设备和业务系统上云上平台，持续打造"云行荆楚"企业上云品牌，遴选一批上云标杆企业。持续开展 5G+工业互联网应用试点示范，每年遴选十大优秀应用案例，在全省范围内加快推广，发挥示范引领作用。

3. 加强科技成果保护与转化

一是加强总体规划布局。湖北省印发《湖北省知识产权"十四五"规划》，以"知识产权赋能高质量发展"为主题，聚焦"严格知识产权保护、加强知识产权运用"两大关键环节，围绕知识产权全链条部署五大重点任务，扎实推进高价值知识产权培育、企业知识产权护航、知识产权转化运用、品牌培育、知识产权服务能力提升等工程和行动，服务创新发展、优化营商环境、支撑对外开放，着力提高知识产权治理能力和治理水平，力争初步建成高水平科技自立自强知识产权强省。

二是完善科技成果评价机制。湖北省印发《省人民政府办公厅关于完善科技成果评价机制的实施意见》，从建立科技成果分类评价标准、完善科技成果评价规程、创新科技成果评价方式、构建多元主体共同参与的评价体系、强化科技成果评价应用，以及优化科技成果评价生态等方面，进一步完善科技成果评价机制。

三是大力开展专利转化专项行动。推广"知慧桥"湖北专利运用公共服务平台，分区域分产业举办专利供需对接活动，加大专利开放许可工作力度，力争年度专利转让许可次数增长 20% 以上；建立湖北省高校院所专利分级分类管理规范，引导高校院所完善专利转化及权益分配机制，促进高校专利有效利用；持续推进知识产权质押融资入园惠企，力争质押融资总额增长 20% 以上，惠及更多中小企业。2022 年，全省专利转让许可 25511 次，比上年度增长了 34.91%，其中专利转让 24109 次，同比增长 29.17%，许可 1402 次，同比增长 472.24%；全省知识产权质押金额合计 75.3 亿元，同比增长 49.82%[①]。

二、质量品牌发展情况

（一）总体情况

2022 年，湖北省深入实施制造强省、质量强省、品牌强省战略，强化企业全面质量管理，提升品牌培育创建能力，着力以质量提升促进品牌建设，聚焦制造业重点产业链推出 100 个全国知名的"湖北制造"，推动湖北产品向湖北品牌转变，促进全省制造业高质量发展，为湖北"建成支点、走在前列、谱写

---

① 湖北省知识产权局：《省局组织 2023 年度湖北省专利转化专项计划工作交流研讨》，2023 年 4 月 10 日。

新篇"奠定坚实基础。

2022 年，全省有效商标注册量超过 97 万件，同比增长 16.39%；累计认定驰名商标 391 件；多个湖北品牌入选权威品牌价值评估机构的"中国品牌 500 强"。全省已备案商标代理机构总数为 1561 家，同比增长 18.8%。①

（二）主要做法

1. 实施制造业质量管理数字化行动

深入贯彻落实《制造业质量管理数字化实施指南（试行）》（工信厅科〔2021〕59 号），在生物医药、新材料、电子制造、新能源和智能网联汽车等重点行业，引导企业在制造业数字化、智能化和绿色化趋势下，推动 5G、人工智能、大数据等新一代信息技术与质量管理融合。加快推进测量基础、软件平台、数据标准、辅助决策系统等数字化质量管理工具的研究与应用，强化质量管理数字化关键业务场景创新。

2. 提升制造业关键过程质量控制能力

支持专业机构在机械、电子、汽车等重点行业，深入分析对产品质量具有决定性影响的制造过程，推动数据驱动的实时在线制造过程能力测量分析与控制，不断提高制造过程质量控制能力，提升产品制造的一致性、稳定性。以问题为导向，开展基于关键质量特性根因分析、质量诊断并实施改进，解决一批关键过程质量管控技术问题，助力打通重点产品质量提升的堵点、卡点。

3. 加快推进工业品牌培育

一是宣贯品牌培育管理体系标准，举办品牌培育经验交流活动，推广品牌培育工作典型案例，宣传湖北产品，提高工业企业品牌建设能力，提升"湖北制造"品牌影响力。

二是鼓励先进制造业集群、新型工业化产业示范基地、经开区和高新区等产业集聚区，加强与行业协会、专业机构合作，开展品牌诊断、经验交流等活动，围绕区域主导产业加强检验检测、试验验证等质量基础能力建设，打造竞争力强、美誉度高的区域品牌。

三是引导装备制造业培育系统集成方案领军品牌和智能制造、服务型制造

---

① 湖北省知识产权局：《2022 年湖北省商标品牌发展报告》，2022 年 4 月 12 日。

标杆品牌。鼓励消费品行业开展个性定制、规模定制、中高端定制，优化用户体验，加强在化妆品、纺织服装、家用电器、食品等领域的品牌培育。

第二节　重点领域

一、北斗产业

湖北省高度重视北斗产业创新发展，积极抢抓北斗三号全球卫星导航系统建成开通机遇，聚焦北斗领域科技创新，支持北斗创新平台建设，加快北斗科技成果转化，建设形成北斗领域核心竞争力，着力将湖北省打造成全国"北斗产业创新发展示范区"。

围绕北斗产业，湖北省主要开展了以下工作。

一是支持开展北斗技术攻关。2022 年，武汉市印发《关于加快推进北斗产业发展的意见》，明确重点突破高精度实时北斗导航与其他卫星导航系统融合，"北斗+5G"协同定位和无人系统激光扫描定位成像，北斗与新一代网络通信融合，北斗核心芯片等基础器件与装备，基于北斗的多模卫星定位终端，精准时空信息和泛在位置服务等领域的关键核心技术。

二是支持北斗优先大规模应用。2022 年，湖北省印发《湖北省推进北斗产业高质量发展若干措施》，加强北斗基础设施建设，积极推进北斗在各生产领域和大众消费领域的全面应用，力争北斗产业规模在 2025 年达到 1000 亿元，在"十四五"末北斗产业规模占全国比重超 10%。

三是支持北斗创新平台建设。支持湖北珞珈实验室在北斗领域开展创新，引导激励湖北珞珈实验室发挥更大作用；支持省内北斗企业联合有关高校和科研院所建设协同创新平台，引进国内外知名企业在湖北设立研发总部和生产应用基地，开发"北斗+"融合应用产品与服务；加强对国家导航技术专业化众创空间等新型创业服务平台的指导。

二、高端装备产业

湖北省高度重视以智能装备、船舶、航空航天为代表的高端装备产业发展，瞄准安全、自主、可控，推动高端化、数字化、绿色化发展，加快建设全国高端装备创新高地、制造高地、数字化高地。力争到 2025 年，全省高端装备产业规模持续扩大，综合实力稳步提升，新兴技术深度融合，基础能力显著增强，建成具有全球影响力的高端装备产业集群，产业规模达到 5500 亿元。

围绕高端装备产业，湖北省主要开展了以下工作。

一是提升智能装备产业创新能力。2022 年，湖北省依托武重集团、华中数控等龙头企业和各类创新平台，大幅提高数控机床、工业机器人、增材制造装备等智能装备的自主创新能力，打造关键核心技术创新策源地。

二是坚持船舶产业绿色高质量发展。2022 年，湖北省在武汉、宜昌、黄冈等地建设绿色智能船舶建造基地，实施气化/电化长江、汉江、清江示范行动，依托中船 712 所、武汉理工大学、湖北港口集团、武昌造船、长航集团等龙头单位和各类创新平台，重点发展纯电动游船游艇、液化天然气运输船、集装箱换电运输船，助力船舶产业通江达海，加快建成全国绿色智能船舶应用先行区。

三是构建航空航天产业生态圈。2022 年，湖北省依托航天三江、航空工业 605 所、航天科工空间工程公司、凌云科技等龙头单位和各类创新平台，强化卫星制造及应用、运载火箭、特色航空等优势领域，加快构建航空航天产业集聚。

第三节　典型案例

武汉双虎涂料股份有限公司（以下简称"双虎涂料"）始建于 1928 年，是国内最为悠久的油漆涂料生产经营企业之一，也是中国涂料工业发展的先驱之一，主要业务包括化工涂料、精细化工产品、化工金属包装，以及化工原材料贸易。拥有近百年历史的双虎涂料始终将工业技术创新作为企业生命线，持续升级技术研发和生产制造水平，以适应不断变化的市场需求。双虎涂料拥有国家发明专利 29 项、高新技术产品 63 项，承担国家火炬项目 2 项，主持（参与）起草国家标准 8 项。2022 年 9 月，双虎涂料入选工业和信息化部第四批国家级专精特新"小巨人"名单。

一、"提前布局"促发展

双虎涂料及时转变思维模式，坚持传承与创新并重，高度重视前瞻性创新战略布局。双虎涂料立足老牌企业的深厚底蕴，结合国家"十四五"规划和对市场未来分析，提前确立了以工业防腐涂料为发展基础，以汽车涂料为发展方向，以建筑涂料为新增长点的专业化发展战略，全面实施品牌专业化、涂料涂装一体化、经营国际化战略，在前瞻性技术创新牵引下，向着"铸世界名牌，建百年双虎"目标不断迈进。

二、"产学研策"助研发

双虎涂料秉持"产学研策"联动理念，积极与高校和科研机构开展科技转化对接活动，持续提升企业研发创新能力，保障企业"专精特新"能力不断升级。2022 年，双虎涂料与武汉理工大学就特种功能涂料专利技术转化签约，合同金额达 1.06 亿元。武汉理工大学采取转让、许可组合转化的形式，向双虎涂料转化发明专利 6 项，并设立"武汉理工—双虎涂料特种功能涂料研发中心"保证转化实施。

三、"智能制造"保交付

双虎涂料立足传统工业，与时俱进，利用数字化、网络化来升级智能制造，持续满足客户需求，保障企业的长期高质量发展。双虎涂料为进一步把握发展机遇，在以"聚焦防腐，军民两用，涂装一体"的战略规划指引下，实现各类、各色、多批量面漆的智能化制造，全方位解决个性化涂料配套体系难题。2022 年 8 月，双虎涂料"智能制造中心"正式投产，实现了自动配色、自动生成配方、自动分桶、自动配料、自动压盖、自动混匀、自动码垛全流程的智能化生产，实现生产人员同比降低 85%，订单交付效率提高 3 倍，可杜绝生产过程中的溶剂浪费，极大提升涂料的标准化水平和色差控制能力。

第十五章

山东省工业技术创新发展状况

2022 年，山东省坚定"走在前、开新局"的发展目标，秉持高质量发展理念，加速推动科技强省建设，努力把山东省建成全国重要的区域创新高地和科技创新策源地。山东省人民政府相继出台《"十大创新" 2022 年行动计划》《"十强产业" 2022 年行动计划》《"十大扩需求" 2022 年行动计划》《2022 年"稳中求进"高质量发展政策清单》《关于加快推进新时代科技强省建设的实施意见》，从深化科技改革攻坚、强化区域协同创新、加强科技开放合作、优化创新生态环境等多个方面制定一系列工作举措，为科技强省建设提供全方位支撑。

第一节　发展回顾

2022 年，山东省工业经济保持平稳增长，工业增加值达到 28739 亿元，比上年增长 4.4%，规模以上工业增加值同比提高 5.1%，高出全国水平 1.5 个百分点，在经济大省排名中名列前茅。41 个工业大类行业中的 28 个行业增加值实现增长，增长面达到 68.3%。高技术制造业增加值比上年增长 14.4%，高于规模以上工业增加值增速 9.3 个百分点。其中，锂离子电池制造、集成电路制造、电子专用材料制造等新能源新材料相关行业增加值分别增长了 86.9%、38.6% 和 60.7%。软件业务收入 10657.6 亿元，同比增长为 19.2%。[①]

---

① 山东省工业和信息化厅：《山东工信强音》，2023 年 2 月 8 日。

一、技术创新发展情况

（一）总体情况

近年来，山东省坚持以高质量发展为首要任务，实行高水平对外开放，加快推动科技强省建设。2022 年，山东省发明专利授权量为 48696 件，同比增长 34.0%；有效发明专利拥有量达 18.9 万件，同比增长 25.6%。入库科技型中小企业达 3.5 万家，同比增长 25%，居全国第 4 位。200 家科技领军企业户均科技活动经费支出约 2.5 亿元，占企业主营业务收入比重达 4.6%；企业科技人员总数达 10 万人，占从业人员的比重为 23.4%。600 家首批科技"小巨人"企业研发投入占主营业务收入平均比例达 7.4%，科技人员平均占比为 25.2%，户均研发人员数量为 83 人。①

（二）主要做法

1. 加快推进科技强省建设

一是关键核心技术攻关能力持续增强。2022 年，山东省组织实施重大科技创新工程项目数量达到 121 项，比上年增长了 24.7%，实施"氢进万家"和"北斗星动能"两个国家级重大科技示范工程，启动"合成生物""核动未来"等多项省级科技示范工程。

二是加速推进创新平台建设。首批 11 家全国重点实验室成功获批，盐碱地综合利用、高速列车、燃料电池 3 个领域类国家技术创新中心获批建设，总量排名位列全国第 2 位。新建 3 家省级实验室、22 家省重点实验室、31 家省技术创新中心，省级创新创业共同体发展数量达 36 家，备案省级新型研发机构数量达到 419 家。

2. 加快工业数字化转型

一是印发《山东省制造业数字化转型行动方案（2022—2025 年）》，提出牢牢把握新一轮科技革命和产业变革机遇，锚定"走在前、开新局"，突出企业转型主体作用，围绕新基建、新动能、新优势、新融合"四新"转型目标，聚焦强企业、强行业、强区域、强链条"四强"重点任务，实施"一软、一硬、一网、一云、一平台、一安全、一融合"七大支撑行动；力争到 2025 年全省制造

---

① 山东省科学技术厅：《2022 年度山东省科技领军企业和首批科技小巨人企业名单发布》，2022 年 11 月 10 日。

业数字化水平明显提升，信息化和工业化融合发展指数达到 125，实现制造模式、生产组织方式和产业形态的深层次变革。

二是印发《山东半岛工业互联网示范区建设规划（2022—2025 年）》，提出加快推动山东半岛工业互联网示范区建设，全面完善工业互联网网络、平台、数据、安全、应用等体系，扎实开展"工赋山东"行动，持续深化新一代信息技术和制造业融合发展，推动"两化"融合迈向更广范围、更深程度、更高水平，加快赋能制造业数字化转型，积极培育具有国际影响力、国内领先的工业互联网产业生态，为全面开创新时代现代化强省建设新局面提供有力支撑，为全国工业互联网发展探索路径、打造样板。

3. 促进制造业生态化集聚

一是梯度培育优质企业。积极构建优质企业梯度培育格局，形成覆盖创新型中小企业、专精特新中小企业、专精特新"小巨人"企业、制造业单项冠军企业、产业链领航企业的培育体系。加快建设一批产品卓越、品牌卓著、创新领先、管理现代的世界一流企业。引导大企业向中小企业开放创新资源要素、共享产能资源，着力形成协同、高效、融合、顺畅的大中小企业融通创新生态。力争到 2025 年在全省培育专精特新中小企业 10000 家左右、制造业单项冠军企业 1000 家左右。

二是全力做强产业链条。实施标志性产业链突破工程，精准梳理产业链图谱，打造一批集成能力和带动作用强的链主企业，积极培育产业链高质量发展促进机构，加快做强一批现代优势产业链。加大产业链招商力度，实行全生命周期跟踪服务，形成"竣工一批、开工一批、储备一批、谋划一批"的推进格局。深入开展融链固链行动，促进中小企业深度融入大企业的产业链供应链，加快提升产业链供应链韧性和安全水平。2022 年，山东省打造 11 条高标准标志性产业链，涵盖新一代信息技术、高端装备、新能源装备、先进材料、船舶和海工装备、高端化工、农机装备、医药、工程机械、轻工、纺织服装等多个领域，有效推动全省先进制造业高质量发展。

三是积极培育产业集群。深入开展"雁阵形"产业集群集中突破行动，实施战略性新兴产业集群发展工程，切实加强先进制造业集群培育，对发展成效显著的集群积极推荐创建国家级集群。2022 年，山东省建设国家先进制造业集群 3 个，累计培育国家级和省级战略性新兴产业集群 32 个，143 个"雁阵形"产业集群总规模达 7.3 万亿元。

二、质量品牌发展情况

（一）总体情况

2022 年，山东省推出多项政策举措，全面实施质量品牌提升行动，大力推进工业质量品牌建设。到 2022 年年末，有效注册商标 240.4 万件，比上年增长 16.9%。其中，驰名商标 805 件，地理标志商标 877 件，马德里国际注册商标 9840 件（比上年增长 2.4%）。地理标志保护产品 82 个，中欧地理标志协定互认清单产品 17 个。累计批准创建山东省优质产品基地 150 个。46 个品牌入围 2022 年"中国 500 最具价值品牌"榜单。评选首批"好品山东"品牌 223 个，制造业高端品牌培育企业 350 家，服务业高端品牌培育企业 130 家。开展重点领域标准建设，累计发布现行有效地方标准 3316 项，分别建设和开展国家级、省级标准化试点示范项目 664 个和 1580 个。

（二）主要做法

1. 强化政策激励引导

2022 年 9 月，山东省印发《"山东制造"品牌提升行动方案》，提出坚持质量第一、发挥创新引领作用，打造"山东制造"区域品牌。同时，要求进一步引导企业加强品牌管理建设，拓展延伸重点领域品牌，持续扩大品牌消费，营造品牌发展良好环境，促进质量变革提升，久久为功促进"山东制造"品牌建设高端化、高质量和可持续发展。

2. 开展质量品牌提升专项行动

山东省聚焦传统消费升级、新兴消费扩容、数字赋能增效、绿色低碳转型、养老托育拓展、新型城镇化建设"六大行动"和科技研发、营商环境、数字变革、产业生态、要素保障、民生改善"六大创新"，全面落实《山东省 2022 年质量提升行动计划》，实施质量提升"七大创新工程"。

2022 年 12 月，依据《山东省质量强县（市、区）创建实施方案》，山东省质量强省及品牌战略推进工作领导小组办公室组织开展了 2022 年度山东省质量强县（市、区）的认定工作。

第二节　重点领域

一、新一代信息技术产业

近年来，山东省打出一系列数字赋能组合拳，新一代信息技术产业持续做强、做优、做大，已成为驱动经济高质量发展的关键力量。2022 年，山东省新一代信息技术产业营业收入实现 16266.9 亿元，同比增长 17.9%。

围绕新一代信息技术产业，山东省主要开展了以下工作。

一是实施"云行齐鲁、工赋山东"专项行动，持续推动数字化转型。济南、青岛国家级互联网骨干直联点正式开通运行，成为全国唯一"双枢纽"省份。开展 5G"百城万站"深度覆盖行动，截至 2022 年年底累计开通 5G 基站 16.2 万个。建设完成全国首张确定性骨干网络，性能指标达到国际先进水平。培育出海尔卡奥斯、浪潮云洲、橙色云、蓝海 4 个国家级"双跨"平台，以及 18 个国家级特色专业型平台，数量均居全国前列。

二是落实《山东省新一代信息技术与制造业融合发展行动计划（2021—2025 年）》《数字赋能增效 2022 年行动计划》要求；发布"2022 年新一代信息技术与制造业融合发展试点示范项目名单"；确定青岛索尔汽车有限公司等 25 家企业为工业设备上云标杆企业，青岛海尔生物医疗科技有限公司等 50 家企业为工业互联网标杆工厂，工业互联网平台应用创新体验推广中心等 25 个应用为"5G+工业互联网"应用标杆（体验推广中心方向），以及 100 个工业互联网典型应用场景；加快推动试点示范项目创新发展，提升服务能力水平，进一步发挥标杆带动引领作用。

二、新能源产业

近年来，山东省锚定"双碳"战略目标，围绕"发展绿色能源、助力动能转换"核心任务，大力实施"四增、两减、一提升"工程，坚定不移地推进能源绿色低碳高质量发展。2022 年，全省再生能源发电装机容量为 7210.9 万千瓦，占电力装机容量的 38.0%，比上年提高 4.3 个百分点；光伏、生物质发电装机容量分别居全国首位和第二位。

围绕新能源产业，山东省主要开展了以下工作。

一是谋划实施能源转型发展"九大工程"，加快推进清洁能源"五大基地"

建设，海阳核电二期工程开工，渤中 A 海上风电、沂蒙抽水蓄能电站建成投运。同时，聚焦风电、核能、氢能、储能等重点领域，持续推进产业创新，培育发展新业态、新模式，全省新能源产业蓬勃发展势头强劲。

二是省政府与宁德时代签署战略合作协议，聚焦绿色能源与绿色制造有机融合发展，大力发展新能源电池及材料、换电、储能应用等新能源产业，积极招引培育上下游配套产业，推广新能源汽车、船舶电动化，不断壮大新能源产业新业态，构建高质量发展新引擎。

第三节　典型案例

潍柴动力股份有限公司（以下简称"潍柴动力"）成立于 2002 年，由潍柴控股集团有限公司作为主发起人，联合境内外投资者创建而成，是中国内燃机行业在中国香港 H 股上市企业。潍柴动力高度重视科技创新，逐步构建起"自主创新+开放创新+基础创新+工匠创新"的四位一体科技创新体系，迸发出强大的发展活力。经过不断发展，潍柴动力荣获"国家科技进步奖一等奖""中国质量奖""中国工业大奖""中国机械工业科技进步特等奖"等奖项，其经验做法值得借鉴。

一、推动产业板块协同发展

潍柴动力以整车、整机为龙头，以动力系统为核心技术支撑，始终坚持产品经营、资本运营双轮驱动的运营策略，致力于打造品质、技术和成本三大核心竞争力的产品，成功构筑起了动力总成（发动机、变速箱、车桥、液压）、整车整机、智能物流等产业板块协同发展的格局，拥有"潍柴动力发动机""法士特变速器""汉德车桥""陕汽重卡""林德液压"等品牌。

二、建立联合攻关协同体

潍柴动力牵头建设了国家燃料电池技术创新中心，承担了科学技术部与山东省签署的"氢进万家"科技示范工程项目，在山东开展氢能多场景示范应用，加快氢能关键技术突破和产业发展，打造可推广、可复制的氢能产业样板。自2021 年"氢进万家"科技示范工程项目实施以来，国家燃料电池技术创新中心建立了以潍柴动力为核心，企业、高校、科研院所联合攻关的创新协同体，加快产业链技术瓶颈突破和产业化落地，成功开发了 15～200kW 系列化氢燃料电池系统，行业首家开展了极寒环境下的燃料电池车队环境适应性试验——在零下 34℃条件下一次起动成功，行业内首家实现产品寿命 3 万小时。

三、加强创新平台载体建设

潍柴动力重视建设创新平台载体，在中国潍坊、上海、西安、重庆、扬州等地建立研发中心，并在全球设立十大前沿创新中心，搭建起了全球协同研发平台，确保企业技术水平始终紧跟世界前沿。2022 年，潍柴动力获批筹建动力内燃机与动力系统全国重点实验室、国家内燃机产业计量测试中心，并发布了全球首款本体热效率超过 52%的商业化柴油机和全球首款本体热效率超过54%的商业化天然气发动机。

第十六章

陕西省工业技术创新发展状况

    2022 年，陕西省坚持创新驱动发展战略，多措并举推动工业稳增长，聚焦航空航天、能源资源、生命科学等优势领域，推动创新优势向产业发展优势加快转化。在技术创新方面，依托秦创原创新驱动平台，着力加强关键核心技术攻关，强化跨学科的现代工程和基础研究，为实现高水平科技自立自强贡献陕西力量。在质量品牌方面，进一步发挥政策牵引作用，加强质量品牌培育梯队建设，成立省质量管理和质量保证标准化技术委员会，启动知名品牌系统培育工程，带动经济高质量发展。

第一节　发展回顾

    2022 年，陕西省工业运行总体呈现稳中有优的良好态势，全年全部工业增加值为 13158.3 亿元，比上年增长 5.7%，其中规模以上工业增加值同比增长 7.1%。高技术制造业增加值同比增长 7.3 个百分点，装备制造业增加值始终保持两位数快速增长，同比增长 12.7 个百分点[1]。其中，汽车制造业增长 21.3 个百分点，计算机、通信和其他电子设备制造业同比增长 7.1 个百分点，电气机械和器材制造业增长 29.2 个百分点，有效引领产业升级[2]。

一、技术创新发展情况

（一）总体情况

    2022 年，陕西省坚持创新引领发展，以"四个面向"全方位推进科技创

---

① 陕西省统计局：《2022 年陕西省国民经济和社会发展统计公报》，2023 年 3 月 27 日。
② 国务院新闻办公室：《陕西举行 2022 年国民经济运行情况新闻发布会》，2023 年 1 月 19 日。

新，以技术创新引领制造业高质量发展，强化企业创新主体地位，通过调动企业主动参与国家重大技术创新的积极性，推动关键核心技术攻关能力得到不断提升。2022 年，陕西省省属企业研发投入强度达 1.41%，同比增长 0.28 个百分点，跃升至全国第 13 位[①]。高新技术企业超 1.2 万家[②]，新增国家级专精特新"小巨人"企业 52 家，科技型中小企业增幅超 40%[③]；专利授权量为 7.9 万件，其中发明专利占 23.9%，PCT 国际专利申请增长 12.7%[④]。2022 年 12 月，根据科学技术部发布的《中国区域科技创新评价报告 2022》，陕西省综合科技创新水平指数达到 71.60%，居全国第 9 位、西部第 2 位[⑤]。

（二）主要做法

1. 强化战略科技力量

一是加快培育创新型企业。2022 年，陕西省持续推进实施科技型企业创新发展倍增计划，深入开展精准化"专精特新—单项冠军—小巨人—领航企业的"企业梯度培育工作，取得突出成效。2022 年陕西省新增高新技术企业 5649 家、科技型中小企业近 1.6 万家、瞪羚企业 298 家、省级专精特新中小企业 238 家、单项冠军企业 7 家，有 79 家企业入选隐形冠军培育库。截至 2022 年年底，陕西省拥有中国制造业 500 强企业 5 家、中国服务业 500 强企业 6 家、中国 500 强企业 10 家，以及科创板上市企业 11 家，位居西部地区前列。

二是聚焦重大创新平台建设。加强高性能电子装备机电集成制造实验室、人机混合增强智能实验室两大国之重器建设，组建空天动力、含能材料两大省级实验室，强化高精度地基授时系统、国家分子医学转化科学中心、先进阿秒光源等重大科技基础设施建设布局，以强大的虹吸效应推进前沿基础科学研究与重大技术研发，进一步提升区域创新综合能力。

2. 全面优化高精尖产业结构

一是完善企业技术创新体系。陕西省强化顶层设计，聚焦空天动力、新材料、高端装备、集成电路等开展创新中心建设。截至 2022 年，陕西省共建设

---

① 陕西省国资委：《2022 年陕西省属企业研发经费投入 226.9 亿元 同比增长 38.5%》，2023 年 1 月 29 日。

② 陕西省统计局：《2022 年陕西省国民经济和社会发展统计公报》，2023 年 3 月 27 日。

③ 陕西省人民政府：《2023 年陕西省政府工作报告》，2023 年 1 月 19 日。

④ 陕西省知识产权局：《2022 年陕西省知识产权保护状况》，2023 年 4 月 26 日。

⑤ 陕西省人民政府：《数字里看陕西科技创新》，2023 年 1 月 17 日。

国家级制造业创新中心（国家增材制造创新中心）1 家，省级制造业创新中心 30 家（认定挂牌 16 家），承担 103 项省部级以上科研项目，自主在研项目 200 余项，创新能力得到显著提升。此外，2022 年，西安工业大学兵器装备工业设计中心等 8 家单位入选陕西省第二批省级工业设计中心，3 家企业入选国家企业技术中心，工业设计效率和企业技术创新能力得到持续提升。

二是推动创新链产业链深度融合。2022 年，陕西省新建新型研发机构 23 个、创新联合体 8 个、中试基地 10 个、共性技术研发平台 10 个、校企研发平台 30 个，构建起产学研深度融合的创新链条；聚焦医工交叉、增材制造、氢能产业等实施 14 个"两链"融合重点专项，从企业需求、市场需求出发设立实施 15 个企业联合专项，支持咸阳新型显示、榆林煤化工等 7 个厅市立足当地资源禀赋设立的联合重大专项，共同提升产业链现代化水平、稳定性和竞争力。

3. 多措并举完善科技服务体系

一是完善技术转移服务体系。陕西省为促进科研成果就地转化，加快推动技术转移服务机构联盟、国家技术转移西北中心及秦创原创新驱动平台建设，引进培育一批专业素养高、服务能力强的高水平技术经理人，并对金融信贷、科技成果的供需对接进行优化完善。2022 年，全年技术交易额达到 3053.5 亿元，同比增长超 30%，在省内交易的技术合同成交额占比达到 34.35%，科技成果就地转化率持续提升。

二是加强孵化载体建设。陕西省坚持载体特色化、专业化发展道路，加快"众创空间—孵化器—加速器"梯次布局。2022 年，陕西省新增 17 个省级众创空间、21 个省级科技企业孵化器和 6 个省级大学科技园，支持西安高新区电子谷、咸阳创新湾等 5 个立体联动"孵化器"开展离岸研发、异地孵化，实现产业空间资源、资金扶持、科创服务等共建共享。

三是开展科技成果转化"三项改革"。陕西省聚焦高校院所科技成果"不敢转""不想转""缺钱转"的实际问题，出台《推动科技成果转化"三项改革"工作贯彻落实若干举措》《秦创原总窗口科创服务体系建设标准》，采取"周发布+月专场"的常态化路演方式，搭建项目与各类资源的对接平台。2022 年，陕西省共举办"三项改革"路演 26 场，32 个项目在秦创原总窗口落地转化，3.8 万项成果单列管理，实现融资超 18 亿元。

二、质量品牌发展情况

（一）总体情况

陕西省大力推进品牌建设，出台多项政策措施指导行业质量管理，开展品牌推广峰会、陕西知名品牌系统培育工程，着力建设质量强省。截至 2022 年，陕西省共培育 95 家省级以上工业品牌培育示范企业，国家级质量标杆 4 家、省级质量标杆 71 家。2022 年 6 月，陕西省审议通过了《2022 年质量强省建设工作要点》《第十届陕西质量奖评选工作方案》《陕西质量奖管理办法》，提出分行业分区域开展质量提升，创建全国质量品牌提升示范区，以及强化质量安全监管等主要任务和工作，明确了全年工业质量品牌的建设方向和措施。

（二）主要做法

1. 强化政策引导和支持

2022 年 5 月，陕西省印发《关于做好陕西省 2022 年工业质量提升和品牌建设工作的通知》，提出对企业进行质量管理体系升级，深化数字技术在质量管理中的应用，强化标准的约束引领作用，全方位、多角度加快"陕西品牌"建设。

2022 年 10 月，陕西省人民政府印发《关于贯彻落实〈国家标准化发展纲要〉的实施意见》，提出推进标准化与科技创新互融互促，提升产业标准化水平，以及加强标准化交流合作等，充分开展人工智能、量子科学等关键优势技术领域标准研究，利用秦创原加速推动科技成果向标准转化，建设标准强省。

2. 完善质量管理机制

陕西省通过开展质量基础设施助企纾困专项行动、"质量强省 品牌兴陕企业品牌推广峰会"、首席质量官大会、智能制造成熟度对标自诊，以及加强公共服务质量监测通报等，营造质量强省良好建设氛围，打造陕西省制造质量标杆。

2022 年 7 月，陕西省启动首届"陕西知名品牌"系统培育工程，在高质量品牌建设上做出先行示范，发挥品牌引领作用，支持全省在产品质量、品牌提升方面典型案例的推广应用。

第二节 重点领域

一、新一代信息技术产业

陕西省以北斗卫星、物联网、通信网络、云计算等为新一代信息技术发展重点，开展原创性、引领性技术攻关，打造卫星互联网、量子通信等区域产业发展高地。2022 年，陕西省新一代信息技术产业增加值占比达到25.9%，稳居本省战略性新兴产业第 1 位，半导体产业规模达 1700 亿元，居全国第 4 位。

具体来看，陕西省从以下几方面促进新一代信息技术创新。

一是加大研发投入力度，开展关键核心技术攻关。陕西省建设先进计算产业技术研究中心、陕西半导体先导技术中心等 5 个研发平台，形成涵盖半导体设备材料研制、生产，集成电路设计、制造、封测及应用的全产业链，加快"强芯""铸魂"进程。2022 年，陕西省在芯片级晶圆制造技术、国内存储器等领域填补多项国内空白，实现进口替代。

二是不断完善新型基础设施建设。陕西省加大对 5G/6G、新一代互联网、物联网等重点领域的投资力度，建好国家超算西安中心，引进培育工业互联网平台企业、数字经济龙头企业，创建国家数字经济创新发展试验区。

三是聚焦重点领域强化数字化转型。陕西省出台《陕西省 5G 应用"扬帆"行动计划（2021—2023 年）》，实施"上云用数赋智"行动，开展数字化车间、智能生产线、智慧工厂建设，对传统制造业、服务业等支柱产业进行数字化赋能升级改造。

二、装备制造产业

陕西省立足制造强国战略，坚持创新驱动，加快装备制造业转型升级，持续推动重大技术装备国产化、自主化，加快实施智能制造工程，促进装备制造业的快速发展。2022 年，装备制造业工业增加值同比增长 12.7%，高于全部规模以上工业 5.9 个百分点，拉动规模以上工业增长 2 个百分点，总体实现平稳较快增长。

具体来看，陕西省从以下几方面支持装备制造业的发展。

一是充分发挥政策引领作用。陕西省出台一系列政策支持装备制造业的发展：2022年1月，陕西省人民政府印发《陕西省推动制造业高质量发展实施方案》，促进企业技术向高端化、智能化、绿色化、服务化转型，在高档数控机床、机器人等领域实施工业强基工程，持续用好重大技术装备进口零部件原材料免税等税收优惠政策；《促进2022年全省工业投资若干措施》则提出加大对先进制造业能力提升项目的奖补力度，增加对工业互联网、北斗导航应用等重点领域的投资，推动设立专项信贷资金等内容。

二是打造装备制造业集群式发展。2022年12月，西安市航空集群成功入选全国首批国家级先进制造业集群，加速空间联动、市场共拓、资源互补，强化"空天一体"建设。

三是积极开展首台（套）重大技术装备认定。2022年陕西省继续发挥首台（套）政策的带动效应，米级尺度扩散连接装置、8万吨/年苯酐反应装置，以及PREP33380工业级超高速微米级等离子旋转雾化粉末制备设备等13个项目被认定为2022年陕西省首台（套）重大技术装备。

三、新能源汽车产业

近年来，陕西省加快新能源汽车产业培育步伐。2022年，陕西省新能源汽车产量达102万辆，同比增长277.5%，占全国的14.5%，现有和在建整车产能突破300万辆。

具体来看，陕西省从以下几方面推动新能源汽车产业发展。

一是强化组织领导。陕西省成立汽车产业发展领导小组，形成由省级领导干部担任"链长"的乘用车（新能源）、商用车（重卡）产业链工作专班；设立汽车产业发展专项资金，建立"抓配套促招商交流合作群"，主动对接企业需求，帮助企业转型升级，拓展新能源汽车行业空间。

二是完善产业生态建设。2022年，陕西省先后出台《陕西省乘用车（新能源）产业链三年行动计划（2021—2023年）》《陕西省乘用车（新能源）产业链布局规划》《推进全省商用车（重卡）产业链高质量发展的指导意见》等一系列指导性文件，以比亚迪、西安吉利、陕汽等龙头车企，吸引清泰科、众迪锂电池等一批上下游配套企业落户，形成研发设计、关键零部件和整车制造、市场服务的完整产业链。

第三节　典型案例

陕西长岭电子科技有限责任公司（以下简称"长岭电子"）成立于 1957 年，面向社会提供高新技术装备、太阳能光伏发电设备等产品。近年来，长岭电子立足"科技兴企""人才强企"两大战略，推动企业高质量发展取得积极成效。2022 年，长岭电子入选工业和信息化部国家技术创新示范企业，是陕西省唯一入选企业，其经验做法值得学习推广。

一、强化产学研深度融合

长岭电子以科技创新为原则，稳步拓展研发主体覆盖范围，建成长岭产业园，不断深化西安、宝鸡两地创新协同，推进产学研深度融合。截至 2022 年，长岭电子先后与清华大学、西安交通大学、南京理工大学、湖南大学、中国人民解放军空军工程大学等多所高校，以及陕西省机器人关键零部件先进制造与评估重点实验室等多个科研机构开展联合攻关，突破封闭式压缩机技术、射频芯片、近距精确引导技术等一系列重点技术，企业的经济效益和社会效益不断提升。

二、持续完善人才梯队建设

长岭电子抓好选、用、培、留四大环节，全面提升优秀人才的业务素质和综合能力；充分利用好长岭产业园的虹吸效应，不断加大对高层次人才的引进力度；打通专业技术人员、管理人员"基础层—骨干层—中坚层"的晋升通道，最大限度地用好人才。2022 年，长岭电子继续深入实施人才强企战略，启动导师制人才培养工作，努力为青年员工搭建快速成长平台。

第十七章

四川省工业技术创新发展状况

2022 年，四川省聚焦电子信息、先进材料、装备制造等优势领域，加快推进制造强省建设。在技术创新方面，强化国家战略科技力量建设，持续提升创新策源、成果转化、赋能社会三大能力，推动创新链、产业链、资金链、人才链深度融合。在质量品牌方面，进一步加强政策指引，落实落细各项工作，实施产业链质量提升行动，提高"一站式"服务能力，持续打造"天府名品"，助推经济高质量发展。

第一节　发展回顾

2022 年，四川省工业运行在总体承压下仍企稳向好，全年全部工业增加值达 1.64 万亿元，比上年增长 3.3%，其中，规模以上工业增加值比上年增长 3.8%。分行业看，规模以上工业 41 个行业大类中有 19 个行业增加值增长，其中，电气机械和器材制造业增加值比上年增长 41.1%，计算机、通信和其他电子设备制造业增加值比上年增长 11.3%。高技术制造业增加值比上年增长 11.4%，占规模以上工业增加值的比重为 14.7%[①]，新型工业化取得明显进展，有力地支撑了本省经济发展。

一、技术创新发展情况

（一）总体情况

2022 年，四川省深入实施创新驱动发展战略，不断夯实创新基础、提升创

---

① 四川省人民政府：《2022 年四川省国民经济和社会发展统计公报》，2023 年 3 月 22 日。

新能力，健全产业科技创新体系，加强基础研究与技术攻关能力，有力支撑制造业高质量发展。2022 年，四川省研发经费支出突破 1300 亿元，增长 9 个百分点，研发投入强度超 2.3%[①]。规模以上工业领域高新技术产业实现营业收入 1.98 万亿元，比上年增长 6%，高于规模以上工业整体增速 2.4%，对规模以上工业营业收入增长的贡献率达 58.1%[②]。高新技术企业达到 1.45 万家，新增国家级科技创新平台 10 个[③]；新增发明专利授权 2.55 万件，比上年增长 31.65%[④]。在 2022 年 11 月发布的"2022 中国城市科技创新百强榜"中，四川省共有 3 个市入围，其中成都市排名第 6 位。

（二）主要做法

1. **持续提升创新策源能力**

一是强化基础研究系统部署。2022 年，四川省编制《基础研究十年行动计划方案》，设立并试运行四川省自然科学基金，引导支持高校以科研联合体方式开展协同攻关。玻色子奇异金属、葡萄糖和脂肪酸的人工合成等重大成果入选 2022 年度中国十大科技进展。

二是加快重点技术攻关和成果转移转化。2022 年，四川省聚焦轨道交通、高端装备、生物科技等重点领域，依托大平台、大团队开展大攻关，形成齿轨列车、F 级 50 兆瓦重型燃气轮机等 21 个重大工业产品，攻克水稻育种等多项关键技术，支持 27 个"聚源兴川"项目进行成果转化，技术合同成交额突破 1600 亿元。

三是稳步推进区域协同创新。继 2021 年年底《成渝地区建设具有全国影响力的科技创新中心总体方案》获批实施后，高端创新资源加快向川渝两地汇聚，协同创新能力稳步提升。截至 2022 年，川渝两地已成立超 40 个高校、产业园区等联盟，共同搭建 9 个（省市）重点实验室等创新平台，联合实施 110 余个研发项目，共享科研仪器设备 1.2 万台（套），聚焦先进制造、人工智能等领域强化产业共性技术攻关。

---

① 科技星君：《四川省发布 2022 年全省科技创新主要数据快报》，2023 年 1 月 29 日。

② 四川省人民政府：《2022 年全省高新技术产业实现营收 2.65 万亿元 同比增长 12.3%》，2023 年 2 月 10 日。

③ 成都市新经济发展委员会：《2022 年四川科技创新"成绩单"出炉 全省高新技术企业达到 1.45 万家》，2023 年 2 月 10 日。

④ 四川省人民政府：《四川省知识产权保护与发展新闻发布会》，2023 年 4 月 25 日。

2. 强化国家战略科技力量建设

一是推进重大创新平台建设。2022 年，四川省面向国家重大战略及区域经济社会发展需求，设立太行国家实验室，运行天府绛溪实验室、锦城实验室，新增精准医学产业创新中心、高端航空装备技术创新中心等 10 个国家级科技创新平台，前沿技术综合能力进一步提升。

二是大力培育创新型企业。2022 年，省政府发布《四川省优质中小企业梯度培育管理实施方案》，深入推进"育苗壮干"梯度培育计划，开展瞪羚企业培育行动，企业竞争优势不断增强。2022 年，四川省新增高新技术企业超 4000 家，新增 62 家瞪羚企业，其中民营企业占比达到 95%；新增科技型中小企业 1.87 万家，比上年增长 26.2 个百分点；新培育 138 家国家专精特新"小巨人"企业、8 家制造业单项冠军企业（产品），共有 3 家企业入选全球"灯塔工厂"。

3. 不断完善科技创新生态

一是注重人才引育。2022 年，四川省首创外籍高层次人才分类认定标准，推进科技人才评价改革综合试点，新增 20 个产教融合示范项目，为"天府英才"工程专项提供 5.7 亿元资金支持，持续完善科研人才激励机制。截至 2022 年年末，全省共有两院院士 64 名，累计入选国家杰出青年科学基金 138 人；技能人才总量达 1077 万人，位居西部地区首位。

二是优化科技项目管理。2022 年，四川省出台《关于改革完善省级财政科研经费管理的实施意见》，对《四川省科技计划管理办法》进行修订，积极推进科研经费"包干制 2.0"、科研项目自主验收等试点，探索实施省级科技计划联合创新专项，不断扩大科研自主权，为科研人员"减负松绑"。

三是推动项目招引。2022 年，世界显示产业大会、世界动力电池大会等在四川省成功举办，会展溢出效应带动产业招商引资。此外，2022 年 5 月，四川省开展第二季制造业招商引资"百日攻坚"行动，形成省市县联动的工作格局，实现 1593 个项目落地，签约金额较 2021 年 9 月开展的第一季增长了 33.7%。

二、质量品牌发展情况

（一）总体情况

四川省大力推进品牌建设，深入开展质量提升行动，做大、做强、做优"四川制造"，形成一批国际竞争力强的品牌企业，实现全产业链跃升。2022

年，四川省先后印发《四川省"十四五"质量发展规划》《2022 年质量强省暨质量提升行动工作计划》，提出创新驱动、标准引领、品牌带动"三位一体"，构建质量升级支撑体系、质量安全监管体系等主要任务和工作。2022 年，全省新增四川省工业质量标杆 29 项典型经验，共有 41 个品牌入围"2022 中国品牌价值评价榜"，四川省轻工业研究设计院有限公司获评工业和信息化部"第五批工业产品质量控制和技术评价实验室"，四川省机械工程学会的《一种洗瓶水循环净化灭菌装置》团体标准获评工业和信息化部"百项团体标准应用示范项目"。

（二）主要做法

1. 推进产业链质量提升

近年来，四川省加大对重点产业链主企业的质量技术诊断帮扶，依托建圈强链行动，指导提升产业链质量。截至 2022 年，成都市立足轨道交通产业，以中车成都公司带动 67 家上下游中小微企业开展质量体系建设；南充市依托吉利四川公司建立质量提升培训基地，向 38 家链上企业提供 IATF16949 体系培训；泸州老窖搭建白酒产业链技术标准信息平台，制修订 113 项产业链标准，开设 13 门与质量、标准相关的课程，带动产业整体质量提升。同时，四川省开展高端品质认证、对标达标活动，培育和打造"天府名品"区域质量品牌，以高标准和先进质量管理模式促进战略性新兴产业、优势产业提质升级。

2. 持续夯实质量技术基础

四川省不断推进质量技术基础设施和公共技术服务平台建设。在线上平台方面，2022 年 4 月，四川省开通线上质量基础设施"一站式"服务平台——川质通，吸引 173 家优质服务机构、272 名专家入驻，策划超 4000 个服务方案，为全省 6.9 万余家企业提供 15.8 万余次服务，解决近万个质量问题，节约成本 7110 余万元。在线下设施方面，截至 2022 年 9 月，成都、绵阳等 9 个地市共建立"一站式"服务中心 11 个、服务站点 19 个，形成超 1100 家服务机构、近千名专家的储备，以全流程、全方位、全链条的质量技术综合服务，推动产业提质增效，为高质量发展提供有力支撑。

第二节 重点领域

一、电子信息产业

作为四川省的第一支柱产业，以移动互联网应用、新型显示、集成电路等为主要发展方向的电子信息产业创新生态业已形成，对经济社会的支撑力不断加强。2022年，四川省电子信息产业实现营业收入16242.5亿元，增加值增长16.5%，上半年对规模以上工业的贡献率达44%，产业规模居中西部第1位。

具体来看，四川省从以下几方面促进电子信息产业发展壮大。

一是发挥链主企业"引擎力"。2022年，四川省启动首批示范产业链链主企业培育工作，发挥成都京东方、成都天马微电子在资源整合、供应链带动方面的优势，强化对新型显示、柔性电子等产业项目的招引。

二是不断完善新型基础设施建设。四川省加大对5G/6G、算力数据等重点领域的投资力度，印发《全国一体化算力网络成渝国家枢纽节点（四川）实施方案》，布局成都智算中心、超高清视频创新中心等高能级创新平台，启动天府数据中心集群、光电显示科技港、新型触控显示模组生产基地等的建设，运行川渝新一代电子信息技术产业中试研发平台，产业承载力不断提升。

三是集聚高端人才。四川省持续实施"蓉贝"软件人才、"产业建圈强链人才计划"等人才专项政策，出台《成都市推进建设"程序员之家"工作方案（2022—2025年）》等，累计吸引软件人才超80万人。2022年1—11月，成都市通过落地30余个电子信息产业生态圈高能级创新平台，引聚超50个包含两院院士等顶级专家在内的市外高校和科研院所的科技创新团队或项目，超20个由长江学者、杰青等国家级领军人才领衔的团队，进一步提升人才的产业驱动力。

二、先进材料产业

先进材料产业是四川省经济发展的重要支撑。一直以来，四川省聚焦先进基础材料、前沿新材料、关键材料开展技术攻关和产业化应用，逐步形成"一心四极两区两带"空间布局。2022年，四川省先进材料产业实现营业收入8439.3亿元，增幅达7.6个百分点。

具体来看，四川省从以下几方面支持先进材料产业的发展。

一是强化规划引领。2022 年，四川省印发《四川省钒钛钢铁及稀土产业高质量发展指南》《关于促进钒钛产业高质量发展的实施意见》等多份政策文件，先后召开 3 次钒电池储能产业链发展专题会议，对企业培育、产业生态、重大项目做好前瞻谋划布局。

二是大力培育创新型企业。截至 2022 年，成都市成功培育华融化学、美奢锐等专精特新"小巨人"企业 34 家，银河磁体等全国制造业单项冠军示范企业 3 家。此外，2023 年，荣获"世界一流专精特新示范企业"称号的四川东树新材料，其研制的低密度、高韧性结构胶助力风电叶片关键材料的国产化替代。

三是优化创新应用生态。2022 年，四川省修订发布《四川省重点新材料首批次应用示范指导目录（2022 年版）》，并加大对新材料技术产品规模化应用的奖励和保险补偿力度。

三、医药健康产业

四川省高度重视医药健康产业的发展，着力推动跨界融合、精准对接、高效协作，力争将医药健康产业培育为万亿级产业。2022 年，全省医药健康产业实现营业收入超 6000 亿元，其中规模以上生物医药工业实现营业收入 1711 亿元，位列中西部第 1 位。

围绕医药健康产业发展，四川省主要进行了以下几方面工作。

一是强化政策引领。2022 年，四川省出台《关于进一步促进医药产业创新发展的若干措施（试行）》，鼓励企业采用合同研发生产组织方式或合同生产组织方式研制基因治疗、细胞治疗等高端生物制品，并加强政企对接，提高服务效能，为医药产业创新发展提供良好支撑。

二是积极培育创新主体。四川省着力推进特色医药产业园区建设，打造科技型领军企业，培育细分领域专精特新"小巨人"和隐形冠军企业。2022 年，科伦药业、汇宇制药等 5 家企业入选 2022 年中国医药研发产品线最佳工业企业，其中科伦药业在仿制药研制方面实力强劲，2022 年有 8 个产品进入医保目录，在企业中排名第 1 位。

第三节　典型案例

四川省轻工业研究设计院有限公司（以下简称"四川省轻工院"）成立于

1958 年，面向社会提供轻工行业的科研设计、检验检测等服务。近年来，四川省轻工院不断提升科研开发能力，持续拓展业务范围，逐渐成为四川省检验检测行业的龙头企业。2023 年 3 月，四川省轻工院入选工业和信息化部第五批产业技术基础公共服务平台名单。

一、深耕检验检测技术

四川省轻工院具备中国计量认证（CMA）、中国合格评定国家认可委员会（CNAS）及农产品质量安全检测认证（CATL）检测资质，拥有分子生化、大型精密仪器等多个实验室和 1200 余套先进仪器，深耕基因检测技术、食品质量快速检测产品与技术等。作为国家轻工业食品质量监督检测成都站、四川省内唯一一家企业性质的国家食品安全质量复检机构及工业和信息化部食品企业质量安全检测技术示范中心，四川省轻工院在食品检测业务的自动化、数据化等方面实现了一系列技术突破和成果应用，向专精特新持续发展。

二、拓展服务新模式

四川省轻工院打造在科技咨询、标准制定、绿色认证等方面的全链条、"一站式"服务体系，积极推进行业关键共性问题解决，并在农业科学、新材料等行业探索推广检测技术服务新模式。同时，四川省轻工院还深度融入区域发展中，积极向省内中小企业提供技术服务，向成都市民提供食品检测服务。

三、储备高级检测技术人才

目前，四川省轻工院拓宽人才引进渠道，创新人才管理机制，优化岗位配置，形成了一批经验丰富、业务精通、布局合理的专业技术队伍。截至 2022 年 3 月，四川省轻工院有员工 227 人，其中，90%以上为专业技术人员，79 人具有中高级技术职称，70%的职工年龄在 35 岁以下，专业化、年轻化优势明显，创新动力十足。

展望篇

第十八章

主要机构对工业技术创新领域 2023 年预测性观点综述

展望 2023 年，全球经济仍然面临增长动力不足、产业链供应链循环不畅，以及科技交流合作受阻等问题和挑战。联合国贸易和发展会议、世界经济论坛、国际货币基金组织、世界银行、经济合作与发展组织等国际组织，美国、英国、韩国等国家，剑桥大学、ICV①等大学及研究机构，中国的国务院发展研究中心、中国社会科学院、中国科学院等高端智库对 2023 年全球或中国工业技术创新趋势进行了预测。

第一节　国际组织对全球工业技术创新领域 2023 年预测

一、联合国贸易和发展会议：2023 年全球工业技术创新的主要方向是绿色低碳、数字化转型

2023 年 3 月 16 日，联合国贸易和发展会议（United Nations Conference on Trade and Development，UNCTAD）发布《2023 年技术和创新报告》，对 2023 年乃至未来更长时期全球工业技术创新发展走向进行研判。该报告分析了包括人工智能、太阳能光伏、绿氢在内的共计 17 项绿色创新前沿技术的发展状况，指出这些技术蕴含极大的经济价值，2020 年这 17 项技术的市场总价值为 1.5 万亿美元，2030 年将达到 9.5 万亿美元，年复合增长率将达到 20.3%，并且 2030

---

① International Cutting-edge-tech Vision，国际知名前沿科技咨询机构。

年市场价值的一半将涉及物联网领域。该报告指出，这些技术将主要由美国、中国、西欧的少数几个国家所持有。由图 18-1 可知，17 项前沿技术中专利成熟度①较高的包括人工智能、太阳能光伏、绿氢、沼气和生物质、风能、3D 打印、无人机技术、机器人技术等，专利成熟度较低的前沿技术主要包括物联网、聚光太阳能、区块链、纳米技术等。专利成熟度最高的前沿技术为人工智能，该技术专利申请的平均年份为 2014 年，目前被引用专利的平均年份为 2005 年，相差约 9 年，表明该技术已经相对成熟；专利成熟度最低的前沿技术为物联网，该技术专利申请的平均年份为 2017 年，被引用专利的平均年份为 2016 年，表明该技术仍然处于快速发展中。

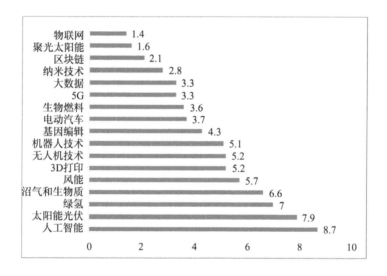

图 18-1　世界前沿技术的专利成熟度
（数据来源：联合国贸易和发展会议《2023 年技术和创新报告》，2023 年 3 月）

《2023 年技术和创新报告》评估了全球主要经济体未来获得前沿技术带来的经济收益的能力，即准备度指数，其中美国排名最高，而我国排名低于预期。该报告认为，一个经济体若想获得前沿技术带来的经济效益，需要具备相应的能力，包括但不限于科学技术创新能力、必要的政策法规、相应的基础设施等。

---

① 专利成熟度，即专利申请年份加权平均值与 2000 年至 2021 年期间被引用次数最多的 20 项专利的申请年份加权平均值之间的差值。差值越大，表示专利成熟度越高。

该报告选取了信息通信技术、技能、研发、产业、资金等指标评估了全球 166 个经济体对于前沿技术的准备度指数，排名靠前的经济体包括美国、瑞典、新加坡、瑞士、荷兰等，主要为发达经济体，我国内地仅排在全球第 35 位。我国在互联网覆盖率和宽带速度方面存在的城乡差异，导致信息通信技术得分较低，影响了总体排名，如表 18-1 所示。该指标组成也凸显了各经济体未来需要重点加强和改进的领域，比如我国需要在通信技术连接和技能方面进一步提高。

表 18-1　世界各经济体使用和调整前沿技术的准备度指数

经济体	总体分数/分	2022 年排名	2021 年排名	排名变化	信息通信技术排名	技能排名	研发排名	产业排名	资金排名
美国	1.00	1	1	→	11	18	2	16	2
瑞典	0.99	2	4	↑	6	2	16	11	18
新加坡	0.96	3	5	↑	7	8	17	4	17
瑞士	0.94	4	2	↓	21	13	12	5	5
荷兰	0.94	5	6	↑	4	9	15	10	31
韩国	0.94	6	7	↑	15	26	3	9	7
德国	0.92	7	9	↑	24	17	5	12	40
芬兰	0.92	8	17	↑	22	5	21	20	30
中国香港	0.91	9	15	↑	9	23	29	2	1
比利时	0.91	10	11	↓	13	4	23	19	48
加拿大	0.90	11	14	↑	5	21	9	29	20
澳大利亚	0.90	12	12	→	33	1	11	57	13
挪威	0.90	13	19	↑	3	6	27	50	6
爱尔兰	0.90	14	8	↓	26	11	22	1	105
法国	0.89	15	13	↓	18	24	8	17	21
丹麦	0.89	16	10	↓	19	7	24	24	8
英国	0.89	17	3	↓	20	12	6	44	12
卢森堡	0.88	18	16	↓	2	16	38	37	28
日本	0.88	19	18	↓	10	51	7	13	3

续表

经济体	总体分数/分	2022 年排名	2021 年排名	排名变化	信息通信技术排名	技能排名	研发排名	产业排名	资金排名
以色列	0.88	20	20	→	37	14	19	6	60
……									
中国内地	0.74	35	25	↓	117	92	1	8	4
……									

数据来源：联合国贸易和发展会议《2023 年技术和创新报告》，2023 年 3 月。

《2023 年技术和创新报告》认为，绿色低碳和数字化转型是未来全球工业技术发展的主要方向和趋势，并提出了相应发展建议。该报告指出，各国实现绿色低碳转型需要经过两个阶段：第一个阶段，基于自身的资源优势开启绿色低碳发展的机会，同时利用政策来刺激需求及构建必要的技术能力，比如巴西可以利用在甘蔗种植方面的悠久历史大力发展生物燃料技术，中国可以利用有利的风力条件发展风能；第二个阶段，定期评估维持第一个阶段进程所需要的条件，建立定期调整的反馈回路。该报告认为，发展中国家未来最好的发展方向是转向技术水平和产品附加值更高、碳足迹更低（更加绿色低碳）的产品，从而实现更可持续发展。该报告提出了实现绿色低碳发展的建议：一是通过国家环境立法和贸易协定倒逼企业和社会转向绿色发展；二是改变社会需求偏好，建立消费者消费行为的新模式；三是通过开发和应用新技术提高生产效率，从而满足绿色发展要求。该报告认为可以通过转向与智能制造相关的前沿数字技术推动工业绿色发展，比如将从联网传感器和 GPS 系统中收集的数据用于物流优化能够有效减少碳足迹。目前，数字技术在大部分经济体的传播和应用程度仍然较低，联合国贸易和发展会议建议后发国家通过构建数字技术能力、建设必要的基础设施和机构、建设创新能力、克服资金障碍等途径实现绿色和数字的双重转型。

二、世界经济论坛：2023 年制造业韧性面临五大挑战，全球供应链将发生重塑

2023 年 1 月，世界经济论坛（World Economic Forum，WEF）联合剑桥大学、剑桥工业创新政策组织和联合国工业发展组织（United Nations

Industrial Development Organization，UNIDO）共同发布了《2023 工业战略的未来——制造业韧性的五大挑战》，提出政府和企业需要面对的五大挑战，并对未来工业发展战略提出相应建议。该报告认为，全球地缘政治调整、新兴技术变革和气候变化三大趋势正在重塑全球产业链、价值链，并且推动全球制造业体系的自我演化与转型，需要制造业企业和政府合作进行短期调整和长期转变。该报告指出，目前全球制造业体系正面临五大挑战：制造业务、产品和供应链脱碳，增强供应链弹性，加快新型工业技术的推广应用，培养制造业劳动力，将商业价值与社会和环境责任联系起来。针对五大挑战，该报告提出了应对措施与具体建议（见表 18-2），同时提出了应对五大挑战的总体原则：政府必须与制造业企业协商后采取行动，政府和企业需要根据本国国情制定相应政策，根据计划推进情况调整战略，采取协调和包容的方法。

表 18-2　全球制造业韧性面临的五大挑战及应对措施

序号	面临的挑战	应对措施	具体内容
1	制造业务、产品和供应链脱碳	提高资源利用效率	通过促进在生产和最终用户消费过程中更有效、更持久地使用产品来减少物质流动
		改善材料替代	更多使用低含碳量的材料
		提高能源效益	升级流程和设备，安装及改进热回收系统，利用废热和其他副产品
		启用燃料转换	使用氢、电和生物能源等替代化石燃料
		进行碳捕集与封存	将大型工业点源排放的 CO_2 捕获并运输到储存地点
		收集数据并建立数字标准	获取业务及供应链对环境影响的完整、准确数据
		支持基础设施建设和创新	建立公私合作、政府投资和补贴等激励措施
		针对碳密集型产业制定具体行动	对化工、钢铁和水泥三大产业制订具体的行动计划

续表

序号	面临的挑战	应对措施	具体内容
2	增强供应链弹性	提高对供应链的理解和端到端可见性	提高对供应链及其痛点的可见性，增强供应链数据为企业和政府行为提供信息参考的能力
		制定和实施业务连续性规划	政府与企业合作促进业务连续性规划的制定和实践，从而降低供应链中断的风险
		加强国际协调与合作	各国政府、企业和国际组织需要对一些基本物资的流动共同采取行动，从而增强国际供应链弹性
		鼓励使用增强供应链弹性的技术	通过技术咨询服务、技术采用激励和数字技能发展计划等方式鼓励使用相应技术
		其他措施	企业应当重新考虑如何扩大国内产能、处理生产冗余、进行物资储备、建立合作伙伴关系及就近采购等
3	加快新型工业技术的推广应用	汇集制造系统所有参与者的专业知识	除工业研究人员和工程师外，制造业企业还需收集用户、车间技术人员、供应商、设计师等的见解和专业知识
		与参与研究者建立合作联系	推动不同研究机构之间设施、工具和专业知识的共享
		为知识交流提供设施和支持网络	建设试点生产线、试验台和示范工厂等设施
		为现有生产线的系统改造提供技术援助	重点支持小型企业；商业服务和公共技术中心带头支持在现有生产线上采用新技术
		投资赋能型基础设施	扩大数字基础设施的覆盖范围和质量
		鼓励发达国家与发展中国家的研究机构和工业网络合作	发达国家帮助发展中国家开展低碳产品、工艺和能源系统的推广，并从中受益

续表

序号	面临的挑战	应对措施	具体内容
4	培养制造业劳动力	雇主和培训机构之间建立更牢固的关系	帮助企业和培训机构建立更加牢固的关系，从而使更多人留在产业劳动力市场
		支持在职培训和学徒制	采用在职培训、学徒制等新方式
		改变公众对制造业的过时看法	强调制造业为对尖端技术感兴趣的人提供机会，并在应对气候变化和健康等社会挑战方面发挥关键作用
		拓展制造业劳动力的人口基础并使其多样化	吸引妇女、老年人、移民和年轻人进入制造业领域，使造业劳动力多样性
		将员工置于技术应用的核心位置	利用过程传感或分析等工具与增强/虚拟/扩展现实（AR/VR/XR）的集成为工人提供持续、实时的交互反馈
		为弱势群体提供再培训和技能提升项目	重点关注弱势群体，防止技术变革加深社会不平等
		为失业人员提供保障	建立失业保险等社会保障体系，提供培训和教育机会
5	将商业价值与社会和环境责任联系起来	减少性别差异并促进产业发展的多样性	增强女性在劳动力中的权重，消除基于性别的歧视
		新技术的安全、伦理和监管保障	政府应该提出、审查、通过和管理新的工业安全准则和标准，投资涉及安全和健康的基础设施
		减少工人面临的安全风险	应用预测性维护、无人机和数据分析等技术
		探索新形式的企业所有制和治理	将社会或环境使命作为企业的总体目标，限制企业薪酬结构差异，确保招聘过程的透明度和公平性，在采购过程中考虑环境问题等

数据来源：世界经济论坛、剑桥大学、剑桥工业创新政策组织、联合国工业发展组织，《2023 工业战略的未来——制造业韧性的五大挑战》，2023 年 1 月。

2023 年 5 月，世界经济论坛发布新一期《首席经济学家展望》，对 2023 年全球经济发展趋势进行预测。该报告的分析结论基于 2023 年 3、4 月的调查结果，其中 45% 的首席经济学家认为 2023 年全球经济将出现衰退，但同样比例的首席经济学家认为不会出现衰退，这表明对于未来全球经济发展形势并未达成共识，但是几乎全部首席经济学家认为 2023 年中国经济将出现大幅反弹。首席经济学家认为未来几年各国的产业政策将对全球经济产生巨大影响，而且主要以负面影响为主，比如 91% 的首席经济学家认为产业政策可能（有可能+极有可能）加剧地缘经济竞争和紧张局势，70% 的首席经济学家认为产业政策可能（有可能+极有可能）抑制竞争。在产业政策对创新的影响方面，首席经济学家的意见存在分歧，38% 的首席经济学家认为产业政策不可能（极不可能+不太可能）成为创新的驱动力，同时认为产业政策有可能成为创新的驱动力的比例为 39%，两者比较接近，如图 18-2 所示。该报告提到，这些产业政策主要包括美国的《通胀削减法案》《2022 年芯片与科学法案》，欧盟的《绿色协议产业计划》，法国的"法国 2030"计划等。在全球供应链方面，所有受访的首席经济学家一致认为未来几年全球供应链将发生重塑，其中三分之一的首席经济学家认为全球供应链将发生重大变化。以美国为例，其对绿色能源、技术硬件、电池三大优势产业的投资将分散和复制现有的全球供应链格局，同时导致资源浪费和效率降低。该报告列举了未来几年全球供应链格局变化最大的行业，主要包括绿色能源、汽车、制药、食品等，同时认为越南、印度、泰国、印度尼西亚、墨西哥、土耳其等经济体将在全球供应链格局变化中受益，而对中国的影响更多为负面的。

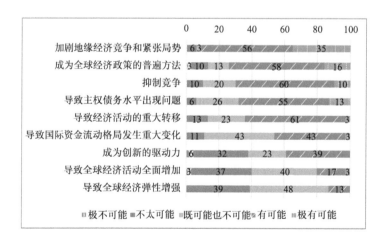

图 18-2　首席经济学家预测国家产业政策将对全球经济带来的影响
（数据来源：世界经济论坛，《首席经济学家展望》，2023 年 5 月）

三、其他国际组织对全球工业技术创新领域 2023 年的预测

（一）国际货币基金组织：2023 年全球工业创新和新技术采用速度将会减慢

2023 年 4 月，国际货币基金组织（International Monetary Fund，IMF）发布新版《世界经济展望》，主题为"坎坷的复苏"，对 2023 年全球经济发展趋势进行了预测。《世界经济展望》主要分为四大章节，分别为未来一年全球经济预测，全球自然利率下降，全球公共债务上升，全球地缘经济分裂。该报告认为，由于全球通胀高企、金融动荡等不利影响，未来全球经济增长的动力仍然不足，预测 2023 年全球经济增长速度将从 2022 年的 3.4%下降到 2.8%，并在 2024 年小幅上升至 3.0%，而发达经济体的增长速度放缓更加明显，将从 2022 年的 2.7%下降至 2023 年的 1.3%，但是新兴市场国家和发展中经济体的增长较为明显，预计将从 2022 年的 2.8%大幅升至 2023 年的 4.5%，其中中国的经济复苏劲头较为强劲，2023 年经济增长率预计将达到 5.2%；由于全球经济地缘竞争与割裂的加剧，未来各国之间的投资、贸易均会受到不利影响，全球将分裂为不同的"集团"，工业技术创新的步伐将明显放缓，新技术的采用也会受到负面影响。

（二）世界银行：2023 年全球工业增长速度将进一步放缓

2023 年 1 月，世界银行（World Bank）发布最新一期《全球经济展望》，认为 2023 年全球经济增长速度将进一步放缓，工业领域增长也将减速。世界银行预测 2023 年全球经济增长速度下降至 1.7%，增长速度为近 30 年来的最低值，仅高于由于金融危机和新冠疫情冲击导致衰退的 2009 年和 2020 年，原因是全球货币政策收紧、金融环境动荡、能源价格高企等将进一步拖累全球经济增长。世界银行预计，2023 年全球发达经济体经济增长速度仅为 0.5%，新兴市场国家和发展中经济体经济增速将达到 3.4%，其中中国 2023 年经济增速预计为 4.3%。世界银行认为，受全球能源短缺、贸易受阻、投资减弱、预期不强等因素影响，2023 年全球工业增长速度将进一步放缓，外贸型经济体和小国受到的负面影响将更为严重。

（三）经济合作与发展组织：2023 年全球工业技术创新面临技术流动受限等新挑战

2023 年 3 月，经济合作与发展组织（Organization for Economic Co-operation and Development，OECD）发布《2023 年科学、技术和创新展望》，对 2023 年全球科技创新、工业发展等议题进行了分析与研判。经济合作与发展组织认为，气候变化、地缘政治紧张等因素导致全球科技创新政策日益"安全化"，全球在新兴技术领域的竞争日益加剧，关键矿物等供应链的高度依赖性导致了各国发展的"脆弱性"。目前世界各国为了兼顾经济发展与安全采取了一系列政策措施，主要包括：减少科技创新相互依赖的程度，限制技术的国际流动；通过投资科技创新以提高工业生产绩效；"志同道合"的经济体之间建立国际科技与创新联盟。经济合作与发展组织认为，这些措施有可能破坏一体化的全球供应链格局及现有的广泛而深厚的国际科技创新合作，对全球气候变化、可持续发展将产生负面影响。

第二节　其他国外机构对全球工业技术创新领域 2023 年预测

一、美国：清洁能源技术是 2023 年的发展重点，支持通信和网络技术、微电子等领域的标准制定

2023 年 4 月 20 日，美国白宫科技政策办公室（Office of Science and Technology Policy，OSTP）联合美国能源部（United States Department of Energy，USDOE）和美国国务院（United States Department of State，USDS）共同发布了《美国国家创新路径》，该报告指出美国政府正在推进关于创新、示范和实施三个方面的净零行动计划，旨在加快美国清洁能源技术的创新和突破，从而实现 2023 年美国电力领域净零排放目标和 2050 年全美净零排放目标。美国的行动计划主要分为三个方面：一是投资颠覆性的技术创新研发项目，确保能够用可靠、公平、可负担的技术组合等方式在 2050 年之前实现净零排放，比如美国能源部的"能源地球发射"计划能够降低长期储能、氢能、地热系统、浮动式海上风能和工业供热等方面的技术成本；二是支持新兴技术的早期部署，比如海上风能、碳捕集与封存、先进核能和先进电网技术等；三是通过法律法

规、财政激励加速现有技术的研发、部署和采用，如发展太阳能、风能、电池及输电网络等。此外，该报告还提出了清洁能源技术创新的优先事项，包括通过商业化的基础研究、示范性的基础研究、商业化和制定监测，以及报告和核查标准的基础研究等。

2023 年 5 月 4 日，美国白宫（the White House）发布《美国关键和新兴技术国家标准战略》，阐述了标准对于美国的重要性，并指出将重点支持通信和网络技术等关键和新兴技术（Critical and Emerging Technologies，CET）的国际标准建设，从而促进美国的竞争力和创新力。该报告指出（见表 18-3），美国将优先考虑对美国竞争力和国家安全至关重要的关键和新兴技术标准的制定工作，涉及的主要领域包括：通信和网络技术，微电子，人工智能和机器学习，生物技术，定位、导航和授时服务，数字身份基础设施和分布式账本技术，清洁能源生产和储存，量子信息技术。此外，关键和新兴技术标准具体应用环节主要包括：自动化和连接的基础设施，生物库，自动化、互联和电气化交通，关键矿物供应链，网络安全和隐私，碳捕集、移除、利用和储存。同时，该报告提出将在投资、参与、劳动力、完整性和包容性四个关键目标方面制定关键和新兴技术标准。

表 18-3 美国关键和新兴技术标准涉及领域、具体应用环节及关键目标方面

序号	类别	主要方向	具体内容
1	关键和新兴技术标准涉及领域	通信和网络技术	使互动方式发生变化，构成未来关键通信网络基础
		微电子	计算、内存和存储技术等
		人工智能和机器学习	以值得信赖和风险管理的方式开发
		生物技术	需要安全和可靠地使用相关技术
		定位、导航和授时服务	电网、通信基础设施和移动设备等
		数字身份基础设施和分布式账本技术	对关键经济部门的影响越来越大
		清洁能源生产和储存	能源生产、储存、分配、低碳环保和有效利用
		量子信息技术	利用量子力学存储、传输、计算或测量信息

续表

序号	类别	主要方向	具体内容
2	具体应用环节	自动化和连接的基础设施	智能社区、物联网等
		生物库	生物样本的收集、储存和使用
		自动化、互联和电气化交通	多种类型的自动化和互联地面车辆，以及无人驾驶飞机
		关键矿物供应链	可再生能源技术、电动汽车所需关键矿物可持续开采
		网络安全和隐私	促进新兴技术的发展和部署
		碳捕集、移除、利用和储存	二氧化碳储存标准和新兴的点源碳捕集、移除和利用
3	四个关键目标方面	投资	增加研发资金，确保为未来标准开发奠定坚实基础； 支持开发解决风险、安全和复原力的标准
		参与	消除和防止对私营部门参与标准制定的障碍； 改善公共和私营部门之间关于标准的沟通； 加强与"志同道合"国家在国际标准管理和领导方面的代表性和影响力
		劳动力	教育和授权新的标准工作团队
		完整性和包容性	深化与盟友和伙伴的标准合作，支持标准治理进程； 促进标准制定的广泛代表性

数据来源：美国白宫 《美国关键和新兴技术国家标准战略》，2023 年 5 月。

二、英国：人工智能、工程生物学、未来通信、量子技术等是英国 2023 年重点技术方向

2023 年 3 月 6 日，英国科学、创新和技术部（Department for Science, Innovation and Technology，DSIT）发布新版《科学技术框架》，提出促进英国创新发展的方法，旨在到 2030 年巩固英国作为全球科技创新超级大国的地位。该报告根据环境可持续性、潜在市场等 8 个标准评估了 50 多种技术，最终将

人工智能、工程生物学、未来通信、量子技术等技术列为对英国最关键的技术优先发展，并计划投入 2.5 亿英镑支持人工智能、量子技术和工程生物学三大领域的技术研发。为了促进关键技术的发展，英国提出 10 项关键行动，分别为识别关键技术，彰显英国的实力和雄心，加大研发投资，培养人才和技能，资助创新型科技企业，政府采购，抢抓国际机遇，获取物理和数字基础设施，制定法规和标准，促进公共部门创新。

2023 年 3 月，英国剑桥大学制造研究所发布《2023 年英国创新报告》，衡量了全球背景下英国的工业和创新表现。该报告认为，服务业的扩张使英国制造业的生产率下降，并减缓了整体经济增长率，导致英国各地区生产率的差异，因此需要重视制造业的发展；在创新投资方面，英国的研发投入强度虽然实现了 2.4% 的目标，但是仍然落后于德国、美国和韩国等国家，未来需要进一步加大研发投入力度，提高研发投入强度。此外，该报告重点分析了航空航天制造业、食品和饮料制造业等工业的发展情况。

三、韩国：2023 年重点支持碳中和、数字化转型领域的技术创新

2022 年 12 月 21 日，韩国政府发布《2023 年经济政策方向》，预测 2023 年韩国经济增长速度为 1.6%。在供应链方面，韩国将新设"供应链委员会"，采取扩大经济合作的方式重组供应链，积极促进和引进海外投资。在碳中和方面，2030 年韩国将在碳捕集、利用与封存技术（CCUS）方面投资 942 亿韩元，在 2030 年前向碳中和产业核心技术研发投资共计 9352 亿韩元。

2023 年 1 月 4 日，韩国公布 2023 年政府研发预算，将重点投资碳中和、数字化转型领域的技术创新，包括航空航天、海洋等产业。2023 年韩国重点研发领域包括国家战略技术（47000 亿韩元）、国民感受型成果创造（75000 亿韩元）、基础研究和人才培养（32000 亿韩元），以及企业、地域创新、军民合作（40000 亿韩元）等。在国家战略技术领域，重点投资显示器、二次电池、尖端移动出行、尖端生物、航空航天、海洋、氢能、网络安全、人工智能、新一代通信、尖端机器人制造、量子技术等；在国民感受型成果创造领域，重点投资碳捕集、利用与封存，高碳排放行业产业转型等技术；在基础研究和人才培养方面，重点资助个人基础研究、合作研究、理工科学术基础构建；在企业、地域创新等领域，支持中小型企业的持续发展和区域合作等。

四、咨询机构 ICV：2023 年全球未来产业呈现出智能化、绿色化、健康化发展趋势

2023 年 2 月 3 日，国际著名科技咨询机构 ICV 发布《全球未来产业发展指数报告（GFII 2022）》，对全球主要国家在量子信息、绿色能源、人工智能机器人、元宇宙、先进通信、生物技术六大未来产业领域的发展情况进行分析。总体来看，我国未来产业发展较好，整体实力居全球第二位，但生物技术排名较靠后。

该报告指出，2023 年全球未来产业将朝着智能化、绿色化、健康化方向发展。在智能化方面，人工智能、类人机器人、卫星互联网、量子信息、高级计算、人机交互等技术的突破有望重塑信息基础设施，全面提升智能水平；在绿色化方面，先进核能、氢能、储能等技术将是未来技术创新和产业变革的重点；在健康化方面，医疗生物技术、脑机接口、生物信息学、疫苗开发、基因技术将成为各国关注的重点。此外，各国政府将实施力度更大、更加有效的产业政策，不断推动本国未来产业的发展，政府对市场的干预有望更加频繁。同时，国际环境复杂多变也给未来产业的发展带来诸多不确定性，各国在先进通信、量子信息、人工智能机器人、生物技术等重点领域的竞争将会愈加激烈。

第三节　我国高端智库对工业技术创新领域 2023 年预测

一、国务院发展研究中心：2023 年全球工业向着以信息技术为代表的新技术革命发展

2022 年 9 月，国务院发展研究中心课题组出版《百年大变局：国际经济格局新变化》[①]，对未来我国乃至全球发展趋势进行研判。该书认为，未来 15 年，以信息技术为代表的新技术革命将是影响国际经济格局变化的重要因素。全球新一轮科技革命和产业变革呈现出"一主多翼"的发展趋势。其中，"一主"是指以信息技术的突破和应用为特征的技术革命发展迅速，工业的数字化、智能化、网络化水平持续提升；"多翼"是指新能源、新材料、生物技术等新技

---

① 国务院发展研究中心课题组：《百年大变局：国际经济格局新变化》，中国发展出版社，第 1～28 页。

术蓬勃发展、多点开花。在新能源领域，太阳能发电、风力发电、智能电网、能源互联网等技术逐渐进入大规模市场应用阶段，电动汽车等将突破市场化瓶颈进入规模化发展阶段；在新材料领域，新型功能材料、高性能结构材料、先进复合材料等领域逐渐取得重大进展；在生物技术领域，基因技术、快速测量技术、干细胞组织工程技术不断实现突破，并在生物医药、生命健康等领域进行应用。

同时，该书认为，新技术革命将推动全球生产方式变革，进而重塑全球产业分工格局。未来 15 年，中美两国的数字经济有望领先全球，数字技术的发展将有助于本地化生产，助推发展中国家的工业化进程，从而为后发经济体提供赶超发达经济体的机会，信息技术与后发经济体的资源等优势相结合能够强化后发经济体发展优势。

与此同时，绿色发展成为各国制定发展战略的重要考量因素，减少碳排放和资源消耗、实现低碳转型和可持续发展成为各国的关注重点乃至发展主流，碳中和目标将对技术创新、产业发展形成一种倒逼机制，从而促进全球绿色创新和低碳发展，形成新的经济增长点。

二、中国社会科学院：2023 年中国新兴动力发展强劲

2022 年 12 月 30 日，中国社会科学院世界经济与政治研究所联合社会科学文献出版社发布《世界经济黄皮书：2023 年世界经济形势分析与预测》，对 2023 年全球经济发展趋势进行了分析与预测。该黄皮书认为，全球经济增长动力仍然不足，2023 年世界经济增长率预计仅为 2.5%，且不排除经济增长速度出现大幅下滑的可能，未来 3~5 年，世界经济增长率将维持在 3%左右，发达经济体与发展中经济体将呈现双速增长格局。该黄皮书预计，2023 年我国经济将实现重振，并将带动全球工业金属和能源等大宗商品价格一定幅度的回升。在全球低碳、脱碳转型的发展趋势下，能源转型相关产品的需求将会持续增长，但是化石能源投资不足及新能源开发不稳定等因素将导致能源市场存在较大不确定性，可能出现价格的频繁波动。

2022 年 12 月 13 日，中国社会科学院数量经济与技术经济研究所联合社会科学文献出版社发布《经济蓝皮书：2023 年中国经济形势分析与预测》，对 2023 年我国经济运行情况进行了前瞻预测。该蓝皮书预计，2023 年我国经济将增长 5.1%左右，复苏态势进一步显现，其中数字经济、智能制造、绿色低

碳、生物医药等产业将实现快速发展，产业结构不断优化，预计工业增加值增长率将达到 4.8%，制造业投资增长率将达到 7.9%，高于全国固定资产投资增长率；基建投资、出口拉动、新兴动力将成为拉动经济增长的"三强"，其中基建投资将使原材料行业和设备制造业增速明显快于其他行业，新能源汽车、太阳能电池、移动通信基站设备等新兴动力发展强劲，元宇宙、人工智能等经济新增长点加快涌现。

三、中国科学院：2023 年中国工业经济将强势复苏

2023 年 1 月 12 日，中国科学院预测科学研究中心发布《2023 年中国经济预测与展望》，该报告对我国 2023 年经济情况进行了分析研判。该报告指出，2023 年我国经济增长将呈现前后低、中间高的态势，预计全年经济增长率为 6.0%左右，其中第二产业增长率预计为 5.6%，规模以上工业增加值增速将达到 6.8%，全年固定资产投资增速为 5.5%左右。该报告预测，由于全球经济增长速度放缓、市场流动性减缓等原因，预计 2023 年全球能源等大宗商品价格将出现较大震荡，且有可能出现一定幅度回落。

总体来看，全球主要机构对 2023 年工业技术创新领域的预测性观点主要集中在三大方面：一是绿色低碳成为各国发展的重要目标；二是数字化转型成为各国的发展重点；三是先进通信、生物技术、量子信息、新材料等重点领域成为各国布局的重点领域。在绿色低碳方面，各国将碳减排作为可持续发展的重要途径，工业领域碳减排更是成为各国碳中和的重要环节，太阳能光伏、新能源汽车、氢能等新能源产业将会迎来蓬勃发展。在数字化转型方面，人工智能、大数据、工业互联网等技术成为推动产业数字化、传统产业升级的重要方式，产业数字化、数字产业化成为各国未来发展趋势。在各国布局的重点领域方面，各国高度重视科技含量高、发展潜力大、引领作用强，对于未来全球科技和产业竞争具有重大影响乃至决定性作用的产业领域，包括先进通信、生物技术、量子信息、新材料等战略性新兴产业和未来产业。

第十九章

2023年中国工业技术创新发展形势展望

　　展望2023年，我国工业技术创新发展将面临机遇与挑战并存的国内外环境，总体将呈现出技术创新体系建设不断完善、创新投入持续增加、创新产出不断提高三大趋势。据此，本章提出四点建议：一是强化顶层设计和组织协调，加强战略前沿领域布局，瞄准可能引发工业技术领域范式变革的重要方向，前瞻布局战略性、前沿性、原创性、颠覆性技术；二是健全产学研协同创新机制，促进创新成果转化能力提升，全面打通科技成果转化的痛点、堵点、难点，推动更多核心技术和成果落地，加速科技创新成果向现实生产力的转化；三是强化企业创新主体地位，加强龙头企业创新引领，运用市场化机制激发企业创新活力和内生动力，充分发挥重点企业创新引领支撑作用；四是持续优化创新生态环境，夯实工业技术创新基础，促进创新链、产业链、资金链、人才链"四链"深度融合，进一步完善财税金融、法律法规、知识产权保护等方面的政策措施，为工业技术创新提供有力支撑。

第一节　2023年中国工业技术创新发展面临的形势

一、国际环境：复杂多变

　　从国际环境来看，2023年我国工业技术创新发展面临的形势依然严峻。在全球范围内，技术创新已经成为各国竞争的新焦点。美国、德国、日本、英国及俄罗斯等国家纷纷出台政策，加大在技术创新方面的投入力度，加快在6G、量子计算、芯片制造等战略前沿领域的技术布局，给我国以较强的技术压力。同时，全球经济不稳定性和贸易保护主义倾向加剧，也给我国工业技术创新带来了诸多挑战和机遇。一方面，全球化和数字化的快速发展给我国经济和技术带来了前所未有的机会。全球供应链和产业链的转移，以及国际贸易和投资的增长，为我国工业技术创新发展提供了广阔的市场空间和资金支持。同时，数字化和人工智能技术的快速发展也为我国工业技术创新发展提供了新的动力和机遇。另一方面，国际形势的不稳定性和不确定性持续增加给我国的工业技术创新发展带来了一定的冲击和挑战。尤其是近些年国际竞争加剧，国际贸易争端日益增多，以及知识产权保护等相关问题，都对我国的工业技术创新发展提出了新的挑战。

二、国内环境：稳定向好

2023 年，我国工业技术创新发展所面临的国内环境将继续保持稳定向好的态势。随着国家推进高质量发展和创新驱动发展战略的深入实施，国内工业技术创新能力和水平得到了显著提升。同时，国内市场需求不断扩大，特别是消费者对高品质、高性能产品的需求日益增加，也给工业技术创新发展提供了更广阔的空间和市场。一方面，随着经济的稳定发展，我国工业技术创新发展的基础和条件得到了提升和改善，涌现出了一大批诸如华为、腾讯等具有国际竞争力的企业和品牌。另一方面，我国正在积极推进创新驱动发展战略，不断加大对工业技术创新发展的支持力度，各级政府和企业等都在不断加大对技术创新的投入和力度，积极推进技术创新，提升自身的核心竞争力。此外，随着科技的不断进步和信息化的深入发展，虚拟现实、人工智能、大数据等新兴技术的应用也将为工业技术创新提供更多的可能性和机遇，推动工业技术创新发展不断迈向新高度。

第二节 2023 年中国工业技术创新发展的总体趋势

一、技术创新体系建设将不断完善

展望 2023 年，我国技术创新将继续保持快速发展势头，无疑将成为推动经济发展的重要手段。在未来的发展中，我国将继续围绕国家的急迫需要和长远需求，引导创新资源向量子科学、新能源等战略性新兴科技领域有效集中，以科技创新和变革催生新的发展动能，推动工业高质量发展。同时，我国也将加强与世界科技领先国家的合作和交流，积极吸收和借鉴国际先进科技经验，不断提升自身的科技创新水平和国际竞争力。

可以预见，我国仍将进一步加大技术创新人才培养和引进的力度，技术创新人才的数量将不断增加，质量将不断提高。通过建立健全创新人才激励机制，提高创新人才的待遇和福利水平，吸引更多优秀的国内外顶尖技术创新人才加入我国技术创新发展的行列，为我国工业技术创新发展提供坚实的人才支持。

二、技术创新投入将持续加大

展望 2023 年，我国将持续加大技术创新投入力度，加强对技术创新的政策支持，提高创新投入的效率和质量，鼓励企业加强技术创新，推动技术创新与产业升级相结合，促进工业高质量发展。从资金投入的角度来看，我国已经将工业技术创新视为未来发展的重点投入方向。近年来，我国在工业技术创新领域的投入不断增加，特别是在数字化转型、智能化升级和新材料等重点领域。2022 年，我国全社会研发经费支出总体规模达到 3.09 万亿元，首次突破 3 万亿元，研发投入强度首次突破 2.5%，基础研究投入所占比重连续 4 年超过 6%。预计在 2023 年，我国将继续加大对工业技术创新的资金投入，以满足制造业转型升级的迫切需求。

可以预见，我国还将继续推进工业技术创新人才的流动和交流，提高其在工业技术创新中的贡献率。我国工业技术创新发展离不开专业技能人才的引进和培养，可通过推进职业教育、培养专业技能人才等方式加强对工业技术创新人才的培养。2023 年，我国将继续加强对专业技能人才的引进和培养，以满足工业技术创新的需求。

三、技术创新产出水平将进一步提高

展望 2023 年，我国将继续提高技术创新产出的质量和效率，并提高技术创新产出的贡献率。我国将不断加强对技术创新的管理和支持，提高技术创新产出水平，推动技术创新与产业升级相结合，促进工业高质量发展。同时，我国将持续加强技术创新成果的转化和应用，提高技术创新产出的质量和效益，充分发挥技术创新成果引领作用，促进经济的可持续发展。

在技术创新产出方面，我国正在迅速崛起，目前已经成为全球技术创新的重要力量之一。2022 年，我国全年授权发明专利 79.8 万件，受理 PCT 国际专利申请 7.4 万件，全年注册商标 617.7 万件，完成各类商标评审案件审理 41.2 万件。未来几年，我国将继续提升技术创新产出效能，强化数字化、智能化、绿色化、高端化等领域的技术创新能力，加强对高性能、高品质、高附加值产品的技术研发，不断推动工业转型升级，为实现产业高质量发展提供有效支撑。同时，我国还将加强与国际合作伙伴的交流，通过技术转移、人才交流等方式提高我国在技术创新产出方面的国际竞争力。

可以预见，随着技术创新产出的不断加强，我国工业技术创新将取得更多突破，推动制造业高质量发展，提升我国在全球制造业中的地位和影响力。

第三节　对策建议

一、强化顶层设计和组织协调，加强战略前沿领域布局

一是深入贯彻党的二十大报告相关要求，准确把握科技创新的新形势、新要求，加快实施创新驱动发展战略，强化产业科技创新工作部署，明确产业科技创新总体思路。

二是以国家战略需求为导向，通过科学统筹、集中力量、优化机制、协同攻关，构建部门、地方、全社会参与的产业创新发展格局，坚决打赢关键核心技术攻坚战。

三是制订战略前沿技术发展计划，设立研发基金等前瞻性的战略规划和政策引导，推动战略前沿技术领域的布局；加强与企业、科研机构、高校等的协同合作，共同推进战略前沿技术的发展。

四是加强国际科技交流合作，积极吸收和借鉴国外的先进技术和经验，加快关键核心技术的攻关进程，同时加强对外科技交流与合作中的知识产权保护，保证我国在国际合作中的权益。

二、健全产学研协同创新机制，提升创新成果转化能力

一是强化企业在技术创新决策、研发投入、科研组织和成果转化等方面的主导作用，贯通基础前沿和关键共性技术研发、应用与产业发展的创新链，构建产学研深度融合创新体系。

二是建立健全产学研协同创新机制，出台相应的政策和措施，鼓励高校、科研机构和企业之间加强合作交流，共同开展技术攻关、人才培养和成果转化等协同创新工作，同时加强对产学研协同创新的引导和支持，推动协同创新机制的建立健全。

三是加强政府的宏观调控与指导，完善科技创新人员奖励制度、利益分配机制和知识产权归属等方面的建设，协调产学研各主体之间的目标和动机，形成科技创新的有效合力。

四是加大对产学研合作平台建设的支持力度，鼓励高校、科研机构和企业加强交流，积极参与和支持国家制造业创新中心等产业创新平台建设运行，同时加强对产学研合作平台建设的支持和监管，提高平台的服务质量和效率。

三、实施龙头企业创新引领，强化企业创新主体地位

一是大力推动创新要素向企业集聚，实施企业基础创新工程，支持一批类似于华为这样的产业龙头企业扎扎实实地开展基础前沿理论研究、基础技术创新、基础工艺研究。

二是依托龙头企业的人才优势和技术创新能力积累，从需求端刺激上游企业转型升级和从供给端激发下游企业提质增效，建设一批具有世界一流水平的研发平台和创新基地，强化行业引领辐射效应。

三是着力培育一批专精特新、单项冠军、独角兽企业聚焦细分领域，瞄准"卡脖子"关键环节开展关键核心技术攻关，为龙头企业做好高端配套。

四是加大对龙头企业的创新支持力度，积极出台相应的政策和措施，鼓励龙头企业加强科技创新和产业创新，推动企业成为创新引领者，同时加强对龙头企业的创新资金和政策支持，提高龙头企业的创新能力和竞争力。

四、持续优化创新环境，夯实工业技术创新基础

一是针对我国技术创新发展需求出台相应的政策和措施，加强政策创新和科技创新的适配性，推动技术创新和产业创新的协同发展，同时加强对政策创新和技术创新协同性的支持和监管，确保相关政策措施的实用性和有效性。

二是加强技术标准体系建设，围绕先进制造业的发展需求，加快基础通用技术、关键共性技术和重要产品标准的研制速度，引领带动行业整体水平提升；

积极参与国际标准的制定和修订，推动我国标准国际化进程，提升我国在国际标准制定中的地位和话语权。

三是建立完备的知识产权体系，完善与知识产权相关的法律法规，全面加强知识产权司法保护和行政执法保护力度，切实保证创新主体在知识产权方面的合法权益。

四是建立技术创新公共服务平台，建设布局合理、开放协同、创新创业全链条覆盖的科技创新公共服务体系，提升科技创新公共服务供给能力。

后　记

《2022—2023 年中国工业技术创新发展蓝皮书》专注于中国工业在技术创新及质量品牌等方面取得的进展与成就，在对工业技术创新最新发展状况、工业技术创新发展政策环境、工业技术创新发展形势科学预判的基础上，历时数月，经多次修订和完善之后完成。本书在研究和编写过程中，得到了工业和信息化部科技司的指导，以及相关行业专家的帮助，在此一并表示诚挚感谢。

本书由秦海林担任主编，何颖、曹方担任副主编。全书的编纂与编稿由何颖、曹方负责。

全书由综合篇、行业篇、地方篇和展望篇四大部分，共十九章内容组成。

综合篇：何颖负责统稿。其中，第一章 2022 年世界工业技术创新发展状况由付清芬撰写，第二章 2022 年中国工业技术创新进展情况由王楠撰写，第三章 2022 年中国工业技术创新重点政策由王凡撰写。

行业篇：崔志广负责统稿。其中，第四章电子信息行业由刘婧撰写，第五章装备行业由张健洲撰写，第六章新材料行业由赵会来撰写，第七章消费品行业由朱嘉心、王浩哲撰写，第八章新能源汽车行业由郭英撰写，第九章未来产业由姬少宇撰写。

地方篇：郭雯负责统稿。其中，第十章北京市工业技术创新发展状况由延玲玲撰写，第十一章广东省工业技术创新发展状况由延玲玲撰写，第十二章江苏省工业技术创新发展状况由池浩湉撰写，第十三章浙江省工业技术创新发展状况由池浩湉撰写，第十四章湖北省工业技术创新发展状况由张安达撰写，第十五章山东省工业技术创新发展状况由张安达撰写，第十六章陕西省工业技术创新发展状况由陶青阳撰写，第十七章四川省工业技术创新发展状况由陶青阳撰写。

展望篇：曹方负责统稿。其中，第十八章主要机构对工业技术创新领域2023 年预测性观点综述由张鹏、李赜撰写，第十九章 2023 年中国工业技术创新发展形势展望由杨磊撰写。

由于时间仓促等原因,书中难免有疏漏和不妥之处,欢迎并期盼各界专家、学者提出宝贵意见和建议,促进我们进一步提高研究水平,让《2022—2023年中国工业技术创新发展蓝皮书》成为客观记录与全面反映我国工业技术创新领域前进步伐的精品专著。

赛迪智库

面向政府·服务决策

奋力建设国家高端智库

诚信　　担当　　唯实　　创先

思想型智库　国家级平台　全科型团队
创新型机制　国际化品牌

《赛迪专报》《赛迪要报》《赛迪深度研究》《美国产业动态》

《赛迪前瞻》《赛迪译丛》《舆情快报》《国际智库热点追踪》

《产业政策与法规研究》《安全产业研究》《工业经济研究》《财经研究》

《信息化与软件产业研究》《电子信息研究》《网络安全研究》

《材料工业研究》《消费品工业研究》《工业和信息化研究》《科技与标准研究》

《节能与环保研究》《中小企业研究》《工信知识产权研究》

《先进制造业研究》《未来产业研究》《集成电路研究》

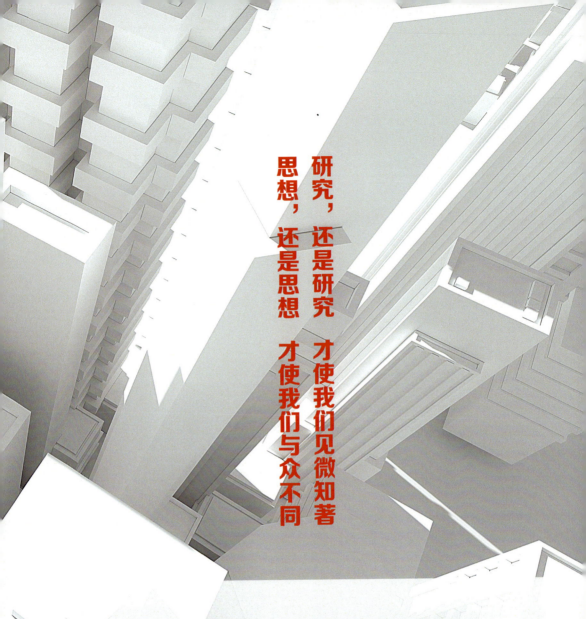

研究，还是研究　才使我们见微知著

思想，还是思想　才使我们与众不同

政策法规研究所　规划研究所　产业政策研究所（先进制造业研究中心）

科技与标准研究所　知识产权研究所　工业经济研究所　中小企业研究所

节能与环保研究所　安全产业研究所　材料工业研究所　消费品工业研究所　军民融合研究所

电子信息研究所　集成电路研究所　信息化与软件产业研究所　网络安全研究所

无线电管理研究所（未来产业研究中心）世界工业研究所（国际合作研究中心）

通讯地址：北京市海淀区万寿路27号院8号楼1201　邮政编码：100846
联系人：王 乐　　　　　联系电话：010-68200552　13701083941
传　真：010-68209616
电子邮件：wangle@ccidgroup.com